教师职业素养与发展规划

教师如何撰写科研论文

赵晓光 李改凤◎编著

JIAOSHIRUHEZHUANXIE
KEYANLUNWEN

吉林文史出版社

图书在版编目（CIP）数据

教师如何撰写科研论文 / 赵晓光，李改凤编著.
——长春：吉林文史出版社，2012. 11（2021.6重印）
（教师职业素养与发展规划）
ISBN 978 - 7 - 5472 - 1322 - 3

Ⅰ. ①教… Ⅱ. ①赵… ②李… Ⅲ. ①中小学 - 教育
科学 - 论文 - 写作 Ⅳ. ①H152. 3

中国版本图书馆 CIP 数据核字（2012）第 283719 号

教师职业素养与发展规划

教师如何撰写科研论文

JIAOSHIRUHEZHUANXIEKEYANLUNWEN

编著/赵晓光　李改凤

责任编辑/高冰若

封面设计/小徐书装

出版发行/吉林文史出版社

地址/长春市福祉大路5788号

邮编/130118

网址/www.jlws.com.cn

印刷/三河市燕春印务有限公司

开本/710mm×1000mm　1/16

印张/14　字数/145千字

版次/2012年12月第1版　2021年6月第3次印刷

书号/ISBN 978 - 7 - 5472 - 1322 - 3

定价/39.80元

前　言

国运兴衰，系于教育，教育大计，教师为本。中小学教师是我国基础教育课程改革成败的关键，应时代要求以及新一轮课程改革的不断推进，我国基础教育的发展对教师素质的提高有着新的期待与要求，让教师成为研究者、实践的反思者已成为强有力口号，但从目前中小学教师进行教育科学研究能力的现状来看，整体水平不容乐观，究其原因，广大一线中小学教师很少能够将宝贵的实践经验与教育智慧转化为教育科学研究成果的能力。

鉴于这种情况，我们在本书编写之初就想从中小学教师进行教育科学研究，立足于中小学教师的实际需要，精心筛选一些适合中小学教师与读者的内容，努力给中小学教师一个基本框架，以便使每位教师都可以在此基础上，根据自身实际情况进行一番个性化的自我构建。

本书在编著体例上以教育科学研究的过程为主线：第一章教育科学研究概述，从整体上把握中小学教师进行教育科学研究的梗概；第二章介绍常见论文的类型与基本结构；第三章对中小学教师撰写教育科研论文的基本步骤进行梳理；第四章论文写作中的常见问题，对中小学教师进行教育科研论文中经常出现的问题进行分析，有利于中小学教师在论文写作中避免这些问题；第五章与第六章是介绍中小学进行课题研究的相关内容；第七章案例赏析，通过选取一些典型的案例加深中小学教师对教师进行科学研究进一步深入理解。

本书不仅对教师进行教育科研时的各个阶段进行全面、系统的理论阐述，而且对一些中小学教师在教育科研实践过程中可能遇到的实际困难进行详细介绍，并且结合大量案例具体分析，对于中小学教师在实际研究工作中选择、使用会有很大裨益。在本书最后的附录部分，我们整理了一些中小学教师的论文与课题的参考选题、常用的网站和网址、主要期刊等，给中小学教师在实践中提供更多资料与帮助。

其三，本书作者在撰写过程中研读了大量国内外相关领域的文献资料，尤其是该领域内最前沿的文献，使本书在内容上得以体现目前最新的研究进展，同时这些文献可以帮助中小学教师提供更加宽广的视野，有利于读者逐步掌握教育科学研究的基本规律。

在本书出版之际，首先要感谢参与本书编写工作的吉林师范大学教育科学院的研究生们，这本书凝结着我们共同的努力和每个人的辛勤汗水，从本书的撰写与反复修改与润色，他们都付出大量心血和时间。本书各部分的作者分别是：第一章为陆苗苗，第二章为方蕊，第三章为田佳欣，第四章为赵岩，第五章为李改凤与陆苗苗，第六章为冯莉，第七章为李玲。本书由赵晓光、李改凤担任进行全书的策划、定稿与统稿工作。

在本书的修订过程中，我们得到吉林师范大学教育科学院副院长李朝辉老师的大力支持与悉心指导，在此向李老师深表谢意！

在本书的编写过程中，我们参考大量有关著作，这也是我们得以完成本书的重要基础，我们在书后的"参考文献"予以注明，本书全体作者对这些著作的作者表示衷心的感谢！

同时还要感谢所有在本书的编辑、出版工作中奉献心血和汗水的人们，谨此表示我们诚挚的感谢！

本书是集体努力的结晶，尽管我们对本书投入大量精力，先后数次开会进行讨论与商榷才得以完成。但由于时间繁忙，加之作者水平有限和一些其他因素的制约，本书的编写还要许多不足和纰漏，欢迎同行、读者多提意见，不吝赐教！

编者

2012年12月于吉林师范大学

目录

／ 案例赏析

／ 附 录

/ 教育科学研究概述

自新课程改革推进以来，我国现代教育史上发生了一系列重大变革，为适应本次新课改的浪潮，作为教育改革中的脊梁——教师，所承担的不仅是教育实践活动，还应当树立终身学习的思想，努力做一名学者型、研究型教师。因此在现代社会，一名合格的中小学教师不仅要有不断接受新思想、新知识的观念，还应努力在教育实践的基础上，培养自己的教育科研意识，提高教育科研能力，向"专家型教师"努力迈进。

/ 教育科学研究的内涵 /

提到教育科学研究，很多中小学教师会感到高深莫测，认为那是专家学者们的专利，感觉做教育科学研究与自己的教学实践相距甚远，不敢大胆尝试。本节从教育科学的内涵进行解读，为广大中小学教师开启正确认识、理解何谓教育科学的大门。

科学研究的内涵 /

"科研兴校"、"校兴科研"、"科研强师"等成了基础教育新课程改革以来教育界强有力的口号。而作为以科研为己任的教师首先必须了解：什么是研究？什么是科首先，我们要明确一个概念，何为研究？有人说："教而不研则浅，研而不教则空"。就是说没有研究的教学是肤浅的，没有教学的研究是空洞的。因此研究对教师来说是非常重要的。在这里，教师必须首先了解研究的概念。很多学者都从不同侧面对研究作出了不同的阐述。在汉语语境中，"研究"是指探索事物的真相、性质而发现新的事实、性质和规律。[1]

"研究"在英语里译为"research"，有学者认为，大致可概括为严密的探寻、验证或调查以达到发现新的事实、理论或法则的目的。"研究是利用学术界公认的探究方法解决问题，以便产生新的知识的活动"[2]。"研究是运用科学研究方法解决问题并从中获得新知识的建设性活动。[3]"在《现代汉语词典》中我们可以看到这样的解释：探求事物的真相、性质、规律等，如研究语言、学术研究、调查研究；考虑或商讨。综上所述，可以认为，研究是一种认识世界的活动，它是一种有明确目标及目的的探索活动。

而科学研究中的"研究"则有其特定的含义，根据很多学者的论述，"研究"从宏观上来说，包括三方面内容：一指高等院校学者侧重于学科体系的研究；二指一线教师侧重于解决问题的研究；三指专家、学者侧重于理论的研究。并且这种研究具有综合性、复杂性、应用性等特点。

基于对研究的探讨，人们认为科学研究就是用缜密的科学方法，从事有组织、有系统的认识世界，探寻客观真理的活动过程。[4]

概括而言，很多学者认为科学研究主要包含三大要素：研究方法、解决问题、产生新知识；三个文本特征：提出疑问、分析问题、得出结论；两个构成成分：

[1] 侯怀银.教育研究方法.北京：高等教育出版社，2009 (2).

[2] Helmstadter,G.C.research concepts in human behavior New York:Appleton-Century-Grofts.1970.

[3] Hopkins,C.D.educational research: a structure of inquiry Columbus,Ohio:Charles E.Merrill,1976.

[4] 王文良.新课程教师教育科研和创新能力培养与训练.北京：人民教育出版社，2004 (9).

（Research：re-search）re、search（这里的re表示"再"、"重新"、"重复"的意思），即反复调查研究。

科学研究的特点 ∕

科学研究作为特殊的活动过程有其独有的显著特征：科学性、创造性、整体性、客观性。下面我们就科学研究的具体特点进行探讨：

科学研究具有科学性

科学性是科学研究最重要的特点。科学研究是以客观事实为依托，在专业系统的可靠资料基础上进行分析、探究，从而得出结论。包括调查、观察、实验在内的研究活动都需要研究者在研究过程中收集和整理大量的文献资料，以保证能真实地反映客观规律。任何一项有价值的研究工作，都必须遵循一定的科学程序，在一定的理论指导下，有目的、有计划地进行。因此，我们既然是进行教育科研，就必须以科学性作为基础。

科学研究具有创造性

创造性可以看作是科学研究的一个基本特征。创造性并不是对以往的研究进行全盘否定，而是在继承与创新的平衡与张力中，对原有的理论系统、思维方法等有所突破。缺乏创造性的研究是没有实际意义与价值的。我们要从原有的研究体系中，发现并提出有创意的问题，而研究方案的设计、问题解决过程与研究结果的叙述都需要一系列的创造性劳动。

科学研究具有整体性

研究活动是一个系统工程，从如何选题、设计、实施到结论的获得，它都是有计划、有步骤进行的，这就决定了科学研究要就有综合性和整体性。在对所研究的问题进行考察和分析时，不只是考虑其显性的问题，还要综合考虑对这一问题产生影响的诸多因素，以及此项研究可能产生的价值等。

科学研究具有客观性

客观性又称真实性,它是指从多个角度揭示事情的本质,不以个人的主观意识为转移。科学研究是以科学性为基础的,这也就决定了它的客观性。研究活动过程中,要在规定的程序下进行观察、分析、统计等,同时必须运用正确有效的实验方法、测量手段,而不能受周围环境和个人主观因素的影响。作为一线教师,在我们的教育活动过程中有许多真实生动的案例,我们在对这些案例进行研究与探讨时,必须一切从实际出发、本着实事求是的科学态度对所研究问题进行科学的探索和总结。

教育科学研究的内涵 /

我们在了解科学研究的内涵的基础之上,推而广之,教育科学研究是指在教育领域中人们运用教育科学理论对教育现象进行分析探究,从而得出教育规律的认识活动过程。

教育科学研究的含义及功能

所谓教育科学研究,应该是按照规定的程序,有目的、有组织、有系统地分析教育现象和建构教育理论的过程,是运用科学方法探索教育规律从而解决新问题、新情况来获得科学结论的活动。

那么对于教师而言,教育科学研究对教学实践有什么功能呢? 曾天山解释教学与研究之间的关系:"不带研究的教学是没有质量的,不带教学的研究是空洞的(教而不研则浅,研而不教则空)。"因此,建议广大教师要在日常的教育教学工作中发现科研课题,然后深入细致地进行调查研究,从而得出科研结果,反过来更好地指导教学工作。

中小学教师做研究,首先,要认识到研究是教育工作的一部分,教育工作需要决策、执行和参谋,而科研恰恰扮演了参谋这一角色,为如何更好地开展工作做好了铺垫;其次,教育研究既不能神秘化,也不能庸俗化,科学研究有一个很缜密的定义,即要持久而系统地观察一件事情；第三，教育科研就是要将自身和自身所从事的工作作为研究对象，不断研究、批判，总结经验，从而得以不断发展。

教育科学研究的特点

教育科学研究作为一个特定的研究领域有其不同于一般研究方法的独特性。[1] 即：综合性和整体性、周期性、针对性和实践性、群众性与合作性、受道德原则制约性。

综合性和整体性

教育科学研究正是从教育自身发展的系统性和整体性出发的，因而教育研究过程也要整体考虑教育内部问题和外部影响因素，对于所研究的对象首先要从宏观上进行整体把握。

周期性

"十年树木，百年树人"，教育是一个周期相对较漫长的过程，学生的成长像一株株幼苗，需要我们日复一日、年复一年的用心浇灌。教育科学研究的对象是教育过程中的人，而学生行为及心理的变化需要一个长期的过程，同样，教师自己的专业发展也是一个缓慢的渐进过程，这些因素决定了教育科研的较长周期性特点。

针对性和实践性

教育研究问题都是针对特定的教育现象提出的，它是有针对性地提出研究方案来解决具体问题的研究。并且进行研究往往注重理论联系实际来解决实际问题，而教育研究更是多由来自教育实践的教师参与的，因此它有较强的实践性。

群众性与合作性

真正的教育科学研究不是只由专家学者"纸上谈兵"来完成的，它应该由科研工作者与教师，甚至学生、家长等在实践中共同完成，因为教师和学生作为教学活动的主体更能清楚地了解教育问题、认识教育规律，只有通过多方面的合作，才能真正客观、真实地反映出教育科学研究的价值之所在。

---

[1] 马云鹏.教育科学研究方法导论.长春：东北师范大学出版社，2002 (7−8) .

道德原则制约性

教育研究的对象往往是人,不管是教师也好,还是教育活动中的学生也好,都要尊重被研究对象的利益不受侵犯,因此在研究中要注意保护被试的某些权利,例如在研究过程中要考虑不能使学生受到惊吓、侮辱等道德原则,对此可以在我们所撰写的文章中采用化名等方式,以避免对被研究者造成某些影响。

/ 教师撰写科研论文 /

在系统地认识到教育科研论文内涵后,本节我们将对教师撰写教育科研论文的意义进行探讨,进而对目前中小学教师论文写作中的一些常见问题进行梳理,为教师做科研论文提供一些启示。

教师进行科研论文写作的意义 /

对于身处知识爆炸时代的当代教师而言,学习、积累、反思是教师专业化发展的必经之路。研究型教师是当前教育改革发展的背景下对教师的新要求。因此教师参加教育科研,进行科研论文写作意义重大,即:有助于提高教师教育质量与水平,有助于推动基础教育新课程改革,有助于教师更好地理解消化教育教学理论,有助于中小学校本课程的开发,有助于促进教师自身专业发展等。

有助于提高教师的教育质量与水平

现代的教育不仅要求教师能教书育人,更要求教师能研究学生、研究教材、研究课堂,不断向教育家教师靠拢。走以教学带动研究、以研究带动教学的道路。教师要善于从常规的教育现象中发现教育问题并探求解决问题的新策略;要关注教学情境、关注学生行为及心理变化对教学过程的影响,从而通过研究来指导自己的教学、促进学生的不断成长。教师撰写科研论文的成果应该是当前教育规律的体现,一旦被教师本人或同行掌握、运用，就可以更好地解决教育教学实际问题，能直接有效地提高教育质量与水平。

随着科技的发展，工业革命以来的工业管理模式被移植到教育领域，标准化的课程目标、标准、内容、实施和评价等，都直接作用于教师的大脑中，使教师不能发挥自身的主观能动性，规模化的教学过程让教师成为了一个不折不扣的教书匠。而现代的教育理论就是要把教师从这种畸形的管理体制中走出来，让他们大胆地进行教学、用发散思维思考教育问题、用善于捕捉教育机会的双眼去发现教育现象，在通过教育实践探索教育规律的过程中，教师才能真正地提高自身的教育质量和水平，用所总结出来的理论反过来再去指导实践，才能使教育教学的质量得到真正的提高。

有利于推动新课程改革进一步发展

目前实施的新一轮的基础教育课程改革，正潜移默化地影响着学生的学习生活，改变着教师的教学生活。遵照"教育要面向现代化，面向世界，面向未来"的指示，必须大力开展教研活动，为建设中国特色社会主义教育体系提供理论依据。在新课程的理念下，教师不再是课程的消极接受者，而是要作为积极的课程开发者。[1]教师只有将新课程所蕴含的教育理念与知识本质付诸实践才能使课程变为实际。教师参与撰写科研论文可以使课程、教学与教师真正融为一体，将新课程改革落到实处。

而今天基础教育课程改革已从课程的各个方面改变了现行的课程模式。新课程为师生提供了更多的自主发展的机会，同时也从不同侧面对教师提出了更新的要求。从开发课程与实施课程的角度分析，教师正在由以前单一的被动执行者向一定程度上的自主决策者和研究者转变；从师生之间关系的角度分析，教师正在从单一的"传道、授业、解惑者"向学生学习的组织者、引导者、促进者和参与者转变。新的课程改革为教师自主性的发挥创造了条件，也对教师成为课程开发、实施的研究者提出了要求，可以说，新课程实施成功与否，教师能否成功地转变教学观念和教学行为起到了关键性的作用，而这一转变必须在教师自身不断钻研中才能真正实现。然而面对新的

[1] 全国十二所重点示范大学联合编写.教育学基础.北京:教育科学出版社, 2002 (297).

课程实践方面的现实条件和进行研究的阻碍，不少老师没有信心。一些教师考虑"做不好"：觉得教育研究太深奥，自己心有余而力不足，教育研究应由专家去做，我们执行就行了；还有一些教师认为"无用处"：觉得教育研究并不能解决我现实中的教学问题，没有用，所以没必要做。这两种认识都是错误的。教师只有具备了教育科学研究的能力，才能勇于投身到新课程改革的实践研究中去，而在实践研究中不断探索才可以使教师形成越来越强的教育研究能力。

有利于教师更好理解教育教学理论

教学理论是教育学的一个重要分支。它既是一门理论科学，也是一门应用科学；它是通过研究教学的现象、问题，来揭示教学的一般规律。理解和掌握了教育教学理论对一线教师的教学活动有非常重要的指导意义。而教师在研读专著和他人论文时，能结合自己的教学实际发现新的教育问题，并通过分析、设计、实验等总结自己的科研成果，说明他已经真正地吸收和消化了这些理论知识，并且开启了自己的科研智慧之窗。

我们知道，教师的教育教学水平主要是指他的专业知识与技术的成熟水平，而且教师的专业素养还受他本身接触的学科知识、教育教学理论的制约。同时，教师的专业实践活动被理解为可以通过专业知识、教育教学理论的学习与掌握传授给教师的系统过程。在这里教师时刻处在被动的专业发展地位，他所扮演的角色是技术性的。实际上，教师不是被动接受的"教书匠"，教师除了必须具备的教与学所必需的知识、技能、技巧外，还必须具有对教育教学理论、教育的伦理背景以及课程原理等问题的探究与处理能力。而教师参与教育科学研究可以使教师更好地消化这些教育教学理论。

有利于推动中小学校本课程的开发

何谓校本课程，华东师范大学教育学博士郑金洲在《走向校本》中这样解释：所谓校本，一是为了学校，二是在学校中，三是基于学校。按照经济合作与发展组织

（OECD,1979年）的定义，"SBCD,即校本课程开发是指基于学校自发的行动，促使地方和中央教育当局之间的权利和责任重新分配；因此学校获得法律和行政的自主权和专业地位，从事课程开发的过程。"因为校本课程的主体是教师，因此对教师的专业发展提出了更高的要求。开发校本课程是由教师的自我反思自评、教师集体的合作互助和专家学者的指导培训来共同完成的。由此可见，教师从事科学研究，从而发展自身新的技能、信念、动机等，是推进校本课程开发的一个重要因素。

有利于教师自身专业发展的提高

有人说，"没有教师的生命质量的提升，就很难有高的教育质量；没有教师精神的解放，就很难有学生精神的解放；没有教师的主动发展，就很难有学生的主动发展；没有教师的教育创造，就很难有学生的创造精神。"可以看出，教师自身的能力如何决定着学生的发展状况。[1]而教育教学改革则一直走自上而下的路线，它完全没有看到中小学教师在一线教育实践中积累的经验和已有的教育教学专长所起的作用。因此这些教师只能非常被动地接受远离实际的专家、学者的理论研究成果。这不自觉地扼杀了教师自身专业发展的机会和潜力。

事实上，教师专业发展需要不断的创新，教师的教学活动需要不断的探索和突破。教师积极参与教育科研，可以把握教育领域的新趋势，探寻新方法，在不断研究和丰富成熟的过程中，教师能学到更多的知识，使自己的专业素养和教育水平得到提升。在新课程改革的大背景下，立足教育实践，撰写教育论文，已不再是专家、学者的专利，广大教师也可以通过这一途径，实现自身专业化的发展，通过日常教育实践不断提高教育理论水平，再以理论为基点，反观自己的教育实践活动，不断促成自身教育水平的不断进步。正如有学者指出："沿着这条路，教师对外虚心学习，广泛吸收先进的教改信息和经验，对内则兼收并蓄，进行创新和研究，追求新的教学境界，教学能力一步一个台阶，真正成为教育教学专家。在我们的身边，这样的例子有很多，我们不妨通过以下案例来加深理解。

9

[1] 叶澜.教师角色与教师发展新探.北京：教育科学出版社, 2001 (3) .

案例1-1

努力做一名研究型教师[1]

苏州市小学学科带头人 夏静老师教育生活散记

没有研究的教学, 充其量只是一种机械的劳动, 时间久了, 教学双方都难免乏味。有研究的教学, 才称得上是一门艺术, 而且是一门妙趣无穷、弥久愈新的艺术。

——题记

夏静老师, 本科学历, 小学高级教师。1994年中师毕业后到宝带实验小学工作, 现任校长助理、人事秘书兼教科室主任。在十多年的工作中, 她真心关爱每一位孩子, 耐心教导每一位孩子, 悉心照顾每一个孩子; 她用心研究教育教学, 潜心教育科研领域, 专心进行教育实践; 她倾心教育事业, 全心耕耘, 尽心付出。十几年如一日驻守在教育一线的她也先后获得吴县市优秀班主任、吴县市优秀辅导员、吴县市教育系统优秀共产党员、吴县市特殊教育先进教师、吴县市"教学能手"、吴县市小学青年教师语文学科带头人、吴中区好师徒、吴中区小学先进教研组长、吴中区首届教科研新秀、吴中区教育科研学术带头人及苏州市教育科研先进工作者、苏州市优秀教育工作者等荣誉。新近被命名为苏州市小学学科带头人(教育科研类)。

学习——丰厚自己, 为研究奠基

她一向认为, 自己从事的是小学教育教学工作, 所进行的研究绝大多数是基于教育教学经验的研究, 而没有足够的理论底子, 更没有多少研究的经验, 要使自己从事的研究有所成绩有所突破有所超越, 就必须不断提高自己的理论素养和研究素质。成为自己进行教育科研的需要, 学习, 不断地、努力地学习是她自己选择的一条艰苦的路。

学习理论, 唯一的方法是沉浸其中, 饱受浸润。她每天在完成工作的前提下千方百计安排出时间读书。从《教育研究》、《中国发展研究》等核心刊物上了解教育科研动态和教育科研的最新成果, 对于有研究导向的论述之作必定篇篇精读, 句句研读, 反复品味, 做好摘录, 甚至写下心得; 平时稍有空余就拿出自己订阅的教育教学杂志阅读、浏览, 针对自

[1] 努力做一名研究型教师.江苏市宝带实验小学: http://www.bdxx.com/web/ReadNews.asp?NewsID=1763(2008.9)

已正在教学和研究的内容就用笔勾画出来，读到自己有共鸣处和有感受处，便随手做上批注；每天晚上规定自己必须阅读半小时理论书籍，经年累月，积少成多，《心理学》、《教育学》、《大教学论》等等各种论著就在每天半小时中变薄，积累成自己的教育思想；每月去一次书店购买教育理论专著，不断为自己的读书时间提供充分的养分，不断为自己的学习补充活水，不断为自己的实践研究增加能量，不断为自己的行动发现新能源。她在读书中解读"巨人"，也在读书中丰厚"自我"。

让自己的研究起点高一些，使自己的研究价值大一些，她的选择是不断学习，充分借鉴，在学中做。对于学校给予的学习机会总是牢牢把握，各级教科研培训活动都积极参加，所有的讲座、经验报告都洗耳恭听。任何一次培训学习活动她都做有心人，专心听讲座，认真记笔记，尽力完成每一次培训中的作业。每参加一次学习活动，都尽量加入自己的思考，写成培训心得，力求在学习中不断吸收各种知识，不断丰富自己的科研底蕴。聆听了中央教科所、省教育科学研究院、市、区科研单位等多位专家、领导的讲座，她对教科研的认识加深了，也丰盈了进行教育科研工作的基础。

实践——锻造自己，为研究奉献

她以课题为导引，把自己的语文教学融入研究之中，做到教学即研究，实践即研究。她的头脑十分清醒：进行教育科研工作来不得半点浮躁，不能草上飞，要善于独立思考，更要潜心耕耘，俯下身子实践，坐得住，耐得住寂寞，坐得了冷板凳，踏踏实实地干，实实在在地做。在区教科研的领导、专家、老师的指导下，在负责"十五"学校第二轮主课题"小学校本课程的开发与研究"的研究工作中，她先与学校的科研骨干一起学习课程理论，把《校本课程论》和《新课程论》啃了下来，了解国内外的课程研究背景和当前研究状况，然后确定我校校本课程开发的主攻方向，认真制定课题研究方案，按照科研申报规程逐层申报，最后课题被省教科院批准为立项课题。在课题的研究过程中，她以课堂教学为根本阵地，严谨地组织教师开展研究活动。以综合实践活动，双语教学研究和校本德育研究为主要切入点，立足于课堂教学，观瞻学校的提升，教师的发展和学生的成长，不断提高课堂教学质量，激活课堂教学的生命活力。注意在研究过程中做好一手资料数据的收集和整理，每年度都进行实施计划安排，每年度都认真填写课题研究年度汇报并上送到省市教科院备案，同时还经常做好感性材料的总结，归纳升华，做好阶段成果的总结与反思。

比较——开阔自己，为研究升值

她总是利用平时参观、考察和学习的机会，关注其他学校和教师的教育科研情况。通过横向比较，结合自身实际找差距，通过与其他老师的互相交流，借鉴别人的成功做法，指导自己的教育科研，汲取新经验新理论。以此来使自己少走弯路，达到事半功倍的效果。她说，跳出科研看科研，眼界会更加开阔，并能有效防止因闭门造车而导致思想观念的偏狭和枯竭。以距离感来重新审视教育科研的背景、现状和趋势，一定会有更新的启发和把握。

收获——成就自己，为研究喝彩

近3年间，她上各级公开课20余次，研究论文在各级各类杂志发表、获奖10多篇。同时她尽量帮助本校青年教师尽快成长，在教育科研的园地中茁壮，也辅导其他学校的青年教师的教育科研，为市区内的其他学校进行过课题研究的介绍和自己成长的汇报，为西藏拉鲁小学和太原五一小学等五所山西太原市的小学提供了学校的科研经验，07年下半年她到宿迁南蔡小学支教，为支教学校教师进行教科研培训，她与省教科院的专家和领导进行了交流和汇报，与教育科研专家涞传大教授进行了课题研究的探讨，她送教下乡，与乡镇教师一起研讨……她的研究视野不断开阔，研究素养不断增强，研究环境更加和谐，真正使自己成为一名研究型的教师。

从以上案例中，我们不难看出，夏静老师的专业成长道路正是因为进行教育研究而发展起来的。对于一名普通教师来说，教育科研可以为教师的教育生涯不断注入新鲜血液，教师要想在教育实践活动中不断提升自己的业务素质，就必须不断学习，去探究教学中存在的问题，并且积极、自觉地寻求行之有效的解决策略，使教育科研能力真正成为自身基本素质，发展成为一名符合时代召唤的研究型教师。

目前中小学教师论文写作的现状分析 ╱

当前,在新课程改革的大背景下,作为转型中的教师,并不是每位教师都能完全适应科研的土壤。因此,中小学教师在撰写科研论文时还存在很多问题,在这里我们针对中小学教师论文写作现状中存在的一些常见问题进行分析。

理论基础差,多属于低水平重复

进行科研创作对教师的专业素养有很高的要求,而当前的中小学教师大多学历层次还停留在专科到本科水平,教师之间的教学水平也有一定差距。因而,虽然这些一线教师有着丰富的实践经验,但在进行教育科研论文创作时,往往缺乏坚实的理论基础作支持。很多教师研究者并没有专门研读大量的著作就贸然进行创作,以至于写出的东西欠缺深层次的探究,其写作的论文没有太多的理论价值和现实意义。

近年来,许多教育出版社都出现了"用稿荒"的现象,这并不是指没有人投稿,而是很多稿件质量不好、科技含量低、实用性差、影响力小,以致审核时不能采用。还有一些教师自身对科研的认识就较模糊,没有足够的积极性致力于教育科学研究,仅仅局限于现有的理论水平和知识积累程度,所以其写出的论文也多属于低水平重复,没有什么意义。随着社会的发展与进步,教师面临着许多新的挑战,教师要成为积极的终身学习者,在教学实践中不断更新自己的教学理念,提升教育教学理论,才能够顺应时代的潮流,做推动教育前进的有力舵手。古人云:"九层之台,起于垒土;千里之行,始于足下",优秀的教育论文不是一朝一夕能够完成的,需要我们通过大量的阅读,不断提升自己的理论基础,才能撰写出优秀的教育论文。

应用性差,多是理论脱离实际

教育科学研究本身就是运用教育理论对教育现象进行分析,从而探索教育规律以解决新的教育问题的一种研究活动,所研究的目的在于运用。而当前很多教师进行科研创作往往研究教育理论层面,并不关注此项研究所能产生的影响,以至于理论脱离实际的现象十分严重。正如有专家指出，现在有些教育理论工作者往往片面地试图通过揭示"一般知识"和"普遍规律"来探寻现象与本质、原因和结果之间的因果关系，构建严密的教育理论体系和框架，而忽视了教育实践。真正的研究应该立足于实践——发现教育问题——科学研究——解决教育问题——指导实践这样一个过程。教育科研论文是教师对自身教学水平更高层次的追求，是建立在实践基础之上的理论提升，只有将教学理论立足于实践的基础之上，才能够撰写出质量高、应用性强的教育论文，能够真正意义上为教育教学活动起到推波助澜的作用。

目的性差，多流于"无病呻吟"

现在有许多教师为科研而搞科研，为了追求科研立项以承担所谓"国家级"、"省级"、"地级"、"县级"、"校级"等科研课题，而对当前社会生活及教育现象的热点问题"穷追猛打"，简简单单的将严肃、严谨、严格的科研论文写成多篇"文章"，不断地发表，使所写的论文成了没有正确理论作支持的"空中楼阁"，流于无病呻吟的"空谈"。这些教师背离了自己进行科研创作的初衷，没有真正理解他们进行科研的真正目的与价值。因此这样的论文"多而无用"，只是使教育实践的主体触碰到问题所在却不能找到解决的对策。我们在进行科研论文的创作时，应当对其有所正确认识——我们写作论文的目的是为了将宝贵的实践经验提升到理论的层面，对教育中的一些现象与问题进行探析，不断推动教育事业的发展，而并非为了能够多发文章而做无用的"无病呻吟"。

原创性差，多限于"分他人一杯羹"

爱因斯坦曾经说过："提出一个问题比解决一个问题更重要。"选题是撰写科研论文的首要环节，也是最关键的一个环节。然而现在对很多教师而言，进行科研论文写作时原创性却极为薄弱。他们大多习惯于跟随"名人"的脚步，做他们研究的忠实"布道者"，探讨的是别人批判过的观点，提倡的是别人弘扬过的口号。理论上"照搬照抄"，方法上"单一贫乏"，内容上"旁征博引"，使科研创作丧失了科研精神和创新精神。我们应该认识到，教师面对的教育对象是人，每个人都是千差万别的、每一节课都是形态各异的、每一个教育情境都是千姿百态的，因此教师要有发现"问题"的眼睛，善于捕捉创作机会，找出新颖独到的创作视角，提出具有创意的研究观点，引领教育科研不断向前发展。

　　教育是一项十分复杂的社会活动，人们对教育现象的认识更是在不断加深、进化和发展的。教师的专业化发展的过程，是从感性到理性、从不自觉的认知到主动进行科学探索的过程。在这一过程中，教师扮演着非常重要的角色。正如胡锦涛总书记曾指出："教师是人类文明的传承者。推动教育事业又好又快发展，培养高素质人才，教师是关键。没有高水平的教师队伍，就没有高质量的教育。"因此，教师参加教育科研，进行科研论文写作具有重要的意义。即：有助于提高教师教育质量与水平，有助于推动基础教育新课程改革，有助于教师更好地理解消化教育教学理论，有助于中小学校本课程的开发，促进教师自身专业发展等等。而中小学教师进行科学研究又是教育科研的一个特定领域，因而对教师论文写作的状况进行分析更能有助于我们理解教师在研究之海奋力遨游时碰触的礁石所在。

思考与实践

1.论述你对教育科学研究内涵的理解。

2.请结合自己的教学实践与经验，谈谈你对教育科研对教师自身专业发展的意义。

3.结合本章内容的学习，阅读本章案例1-1，谈谈文中夏静老师专业化成长历程对你有何启示。

4.深入研读几篇教育科研论文，试评析其中的优点与不足，并且思考：如果你是作者，如何能够在撰写论文时扬长避短？

/ 常见论文类型和论文的基本结构

/ 论文类型及范例 /

教育科学研究是一项比较复杂的工作,它要经历一系列的阶段,而每一个阶段都非常重要。世界著名化学家、物理学家法拉第曾经说过,科学研究有三个阶段:首先是开始,其次是完成,第三是发表。撰写论文就属于第三阶段。而论文的类型和论文的基本结构是撰写论文的基本条件。它是科学研究中的重要环节,任何一项研究最终都要面向社会,接受社会的检验,以便研究成果得以承认、受益。如何将研究中获得的成果以社会能接受的形式简洁明确地用文字表达出来,并不是件轻而易举的事,科研论文对研究材料要有所取舍,即做到去粗取精,去伪存真,把最能说明问题的材料摆出来,进行由表及里、由此及彼的逻辑推理,对事实从理论上进行剖析,从而在学术上达到一定的深度。它需要研究者具备撰写研究论文的基本能力和素养。

教育科学研究是教育事业前进的动力,撰写教育科研论文是教育科学研究的重要组成部分,因此撰写教育科研论文能够推动教育事业的发展。苏霍姆林斯基说过,"如果你想让教师的劳动能够给教师带来乐趣,使天天上课不至于变成一种单调乏味的义务,那你就应当引导每一位教师走上从事研究的这条幸福的道路上来。"教师的教育科学研究可以促进教师的专业成长与发展,不断提升教师的自我更新能力和可持续发展能力,增强教师职业的乐趣和价值感、尊严感。教师撰写科研论文前了解各类论文的特点和撰写要求,掌握论文的写作方法和技巧,这是对研究人员素质的基本要求。本节主要介绍论文的类型及范例。

论文的类型

由于本书主讲教师如何撰写科研论文,其论文的类型主要以教育科研论文为主。教育科研论文,是指对教育领域与教育相关的问题进行探讨、研究,以及表述其成果的文章。从教育研究的实际出发,根据国家标准并依照研究方法和写作特点,我们可以把教育科研论文分为两大类:一类是实证性的研究论文,另一类是理论性的学术论文。

实证性的研究论文

实证性的研究论文分为研讨型教育论文、实证型教育论文、经验型教育论文、报告型教育论文、评述型教育论文、阐释型教育论文。

从近几年的发展趋势来看,教育研究的方法呈现多样化,并且对某一课题或对象的研究也往往同时采用多种研究方法。因此,反映科研成果的论文也是从单一类型向综合型方向发展。我们把一篇论文划分为某一类型,只是相对而言的,有可能它具有两种或两种以上类型的性质,但如果以某一类型的性质为主,就将其归为某一类型。如果一篇论文主要体现经验型论文的性质,但同时有些许研讨型论文的性质,我们还是要将其归为经验型论文类,而不归为综合型论文类。

从撰写学校教育科研论文的作者队伍来看,教师所撰写多为经验型教育论文,因为教师所从事的教育科研一般为教育行动研究,所表达的成果也自然多为经验型教育论文;专职科研人员和专家、学者所撰写的论文,多为综合型论文。

研讨型教育论文

研讨型教育论文是对教育理论或教育实践所出现的问题、矛盾而进行专题分析，分析其原因，探讨其解决问题的理论性文章。从各种教育理论期刊所刊发的研讨型教育论文来看，大多数是针对教育实践中存在的主要问题或出现的新情况、新矛盾进行专题分析、探讨，从理论和实践的结合上提出解决问题的措施。这种类型的学校教育科研论文，着重于发现问题、分析问题的原因，以及提出解决问题的措施。从近几年的发展趋势来看，经验型教育论文逐渐在向研讨型教育论文发展，即论文的性质，既具有经验型教育论文的特性，又具有研讨型教育论文的特性。

根据研讨型教育论文的特性，只看文章的标题，就可初步将研讨型教育论文列出来。如从《新时期农村留守儿童教育问题探析》等标题来看，这些论文有可能是研讨型教育论文。当然，以上文章的标题，也可以作其他类型教育论文的标题，主要看作者立意的角度和研究方法。如《农村小学作文教学的现状与对策》[1]，作者首先指出并分析了当前作文教学随意性大；作文教学形式单一，训练无重点，指导不到位；学生怕写作文的心态比较严重，教师怕教作文的心态依然存在；作文起步晚，训练无层次、无序列；教法陈旧，学生的主体作用和教师主导作用均未得到有效发挥。针对作文教学中存在的这些问题，在对策中提出了更新观念，继续深入推进小学语文课程改革，增强作文教学的时效性；引导学生多写多练，教给他们学会写作的规律和方法；试题设问具有开放性。

实证型教育论文

实证型教育论文是以定量分析验证理论性假设的理论性文章，包括调查实证型教育论文和实验实证型教育论文。

调查实证型教育论文是对教育活动出现的新情况、新问题进行调查研究的成果而表达出来的正确反映客观事物、揭示客观规律的理论性文章。调查实证型教育论文不是调查情况的罗列、材料的拼凑，而是揭示教育现象的主要矛盾和最本质的东西，

---

[1]　王金，刘文元：《农村小学作文教学的现状与对策》，《中小学教师培训》，2011 (06)．

是对材料的加工、提炼,同时在分析原因的基础上提出解决问题的看法或对策。

实验实证型教育论文是反映实验过程和结果的理论性文章。实验可分为探索性实验和验证性实验。如《全国中小学书法教育调查报告》、《辽宁省农村留守儿童教育现状的调查报告》等为实证型教育论文,或者为实证——研讨型教育论文。在《全国中小学书法教育调查报告》[1]一文中作者以全国24省市、自治区的专家、学者、老师及社会各界专业人士、中小学校长和高校研究生、本科生的问卷调查为佐证。揭示了我国中小学书法教育存在的问题,分析了问题的原因,阐明了相应的观点。文章分三个部分,第一部分问卷分布及回收状况,第二部分基本问题,第三部分对问题的具体分析。重点在第三部分,着重分析问卷总结的问题并根据具体的问题提出了解决对策。

经验型教育论文

经验型教育论文,是一线教师工作者尤其是教师将亲自在教育教学实践中获得的经验、体会,进行分析、概括、抽象、提炼,从感性认识上升为理性认识而撰写的文章。经验型教育论文源于实践而又可以运用于实践,是第一手材料提炼后的思考,是由感性认识上升到理性认识的思考。其要点是在总结经验、选择经验、分析经验、论证经验的基础上,把收获最大的一点、体会认识最深的一点、做法最有成效的一点,抓住其本质,进行思考和挖掘,上升到理论的高度,形成自己独特的观点、论点,并在经过论证之后,使原有"经验"转化为具有概括性、独创性、理论性的论文。或者简而言之,经验型教育论文是对教育教学经验的理论概括的文章。经验型教育论文也是属于实证型教育论文的一种,但经验型论文与调查实证型论文、实验型论文等实证型论文相比,无论是写作方法还是其学术较之都有很大的差别,因此,应将经验型教育论文单独分类。

根据经验型教育论文的特性,只看论文题目,就可初步将经验型教育论文列出来。如从《试论数学新课程中实施数学创新教育策略》这类文章的标题来看,可能多为经验型教育论文。有些教学方面的论文,既可列为经验型教育论文类,又可列为研

---

[1] 胡建铭,周彭,万瑾林:《全国中小学书法教育调查报告》,《湖北成人教育学院学报》,2010 (01).

讨型教育论文类。如从《课程教学调控方式探讨》这类标题来看，有可能为经验教育论文，有可能为研讨型教育论文。

报告型教育论文

报告型教育论文是指描述并阐述教育实践中某一体系、模式等具体项目构建的理论性文章。这种实证型论文，并不是指调查报告类论文，即以调查方法获得的数据及典型事实而撰写的论文，一般是以实证型论文的方式表达其成果。报告型论文也属于实证型论文的一种类型，但与调查实证型论文、实验实证型论文差异较大，因此，报告型论文应单独归为一类。报告型论文与经验型论文有相似之处，即都是教育实践中的做法。但报告型论文除了做法之外，还要探讨有关的理论问题。报告型论文一般多为学校教育教学管理和教学一线教师进行实践探索性课题研究成果的理论概括和理论阐述。如《对构建以能力培养为核心的教学模式的研究与实践》这类文章多为报告型教育论文。

阐述型教育论文

阐述型教育论文是指对教育领域出现新的理念、新的观点、新的思潮以及教育规律进行阐述解释的理论性文章。阐述型教育论文属于哲学性论文的一种。例如《普通高中模块课程的价值赋予》[1]这类论文为阐述型教育论文。在《普通高中课程方案（实验）》确立了"普通高中课程由学习领域、科目、模块三个层次构成"的课程结构背景下，作者论述了普通高中模块课程的价值赋予。全文分两部分，着重介绍模块课程的三大要素而后对其进行了情境规划，回归到教育现场。文章对模块课程的价值赋予途径进行了重点论述，"体"、"势"、"态"三大要素成为文章主线。对于高中课程设置的核心概念模块进行了理论性的阐述、解释。该论文体现出一定的理论深度与理论水平。

评述型教育论文

评述型教育论文是针对教育教学领域内，在一定时限里的活动、情况、现象、论争、做法、特点、教派、问题等进行专项综述和评析的论文。

---

[1] 杨九诠：《普通高中模块课程的价值赋予》，《教育研究》，2011（05）.

撰写评述型教育论文，在选择评述对象时，要考虑它的影响作用以及作者兴趣和能力，要加深对评述对象的理解，提高对评述对象的认识，并以教育方针、政策、法规以及教育规律和教学原则为准绳，在现代教育科学理论的指导下，采取先综述情况（或观点、或做法），在一一评述之后，再从整体、主流、本质上作总评价，或述评结合，一答一评。总之，都应具体提出自己的新发现、新见解或新构想。

案例2-1

初探小学数学有效教学策略[1]

随着课程改革的不断深入，旨在提高课堂教学效率的"有效教学"已成为广大教师积极追求的目标。所谓有效，是指学生在三维目标上能够获得真正的发展，这是课堂有效与否的唯一指标。如何在小学数学课堂中达成最有效的教学？下面就小学数学"有效教学"策略，谈自己的几点看法。

一、活用数学教材，让教学资源更有效

生活中处处都有数学，教师要学会"跳出教材教教材"，结合数学内容的特点，将生活中的问题引入课堂，并渗透在教学的各个环节中，让学生感受到学习数学其实就是用数学知识解决与我们息息相关的生活问题。例如，数学"百分数应用题"的复习时，我曾引入两条网上新闻：1.2007年中石化共进口原油1.56亿吨，比去年同期上涨7.8%；2.据最新数据显示，东风悦达起亚11月单月销量高达28067台，同比增长实现195%。问："从这二则新闻中，你知道了什么？这些新闻中还含有一些隐性的信息，你们能不能用百分数的知识将它们找出来？只列式不计算，小组合作完成。"学生汇报出不同的算式，通过分析知道哪些算式是正确的，表示什么意思。

二、合理创设有效教学情境，激发学生参与热情

《数学课程标准》中指出："数学教学要紧密联系学生的生活实际，从学生的生活经验和已有知识出发，创设生动有趣的情境。"因此，教师应根据教学需要和学生的生活实际，从学生身边的事物和现象中选取素材，合理创设教学情境，激发学生浓厚的学习兴趣，促其产生强烈的探究意识，使他们的思维处于异常活跃状态。例如，教学两步计算应用

[1] 石中秀: 初探小学数学有效教学策略.《小学数学教参》, 2010 (05).

题：一个商店运进4箱热水瓶，每箱12个。每个热水瓶卖6元，一共可以卖多少元？教学时先以故事导入：在一个阳光明媚的春天，小熊商店开张了，小猴子开着汽车来送货。它送来了4个箱子，每箱热水瓶12个，每个卖6元。这时小熊问小猴："你带来的热水瓶一共可以卖多少钱？"小猴子犯了愁，忽然，从天而降了一位智慧爷爷说："不要急，小猴子你能回答出下面的问题，就可以算出来了。"要求一共可以卖多少元，就是求4箱可以卖多少元，必须知道哪两个条件？知道了什么？不知道什么？先求什么？再求什么……这样就很自然地进入了新知的教学。

三、精心设计有效教学活动，提供学生动手实践的机会

《数学课程标准》指出："教师在教学中要赋予学生以主体地位。"教师要从"以学论教"的理念出发，精心设计教学活动，让学生在活动中发展，在参与中体验，真正体现以学生主体实践活动为基础的有效课堂教学。例如，教学"角的初步认识"时，课前我安排了学生收集日常生活中各种各样有角的实物或图片，下一节课进行交流展示，这样学生都兴趣盎然地投入到课前准备当中。课堂上，让学生交流展示，并组织讨论、探究，抽象出角的特征，然后通过找一找、指一指、摸一摸、说一说等实践活动，调动学生多种感官参与教学过程，使学生对角的认识由形象感知过渡到表象的建立。

四、正确处理预设与生成，促进知识的内化与建构

课堂教学时教与学的交往互动，具有许多的不确定性。因此，教学既要有一定的组织性和计划性，又要密切关注课堂中的生成性。例如，教学"认识小数"这一单元后，我安排了一节复习课。当复习到小数的读法时，一位学生问："为什么小数点后面要分开读？如16.48，为什么不读十六点四十八？"学生的问题出乎我的意料，我决定把问题抛给学生："你们说为什么呢？"学生们低头沉思，过了一会儿，有学生举手了。"小数分整数部分和小数部分，为了区别整数和小数部分，所以小数部分的末尾加上0，大小都一样，如果按照整数读法就读不清楚了。比如，16.48如果可以读作十六点四十八，那么16.480就读作十六点四百八十，四十八怎么跟四百八十一样？所以，我觉得还是应该一位一位分开读。""我发现从意义上来说这种读法也是不妥的。"还有一位学生说，"如16.16，整数部分的16表示

一个十和六个一，小数部分并不表示一个十和六个一，而是十分之一和百分之六。"……经过学生的互动讨论，我也有了正确的解释，并及时进行了小结，这时学生一个个恍然大悟。当面对课堂中动态生成的问题时，只要教师善于抓住和利用好学生生成的资源，会使课堂教学更加精彩。

这篇文章是一篇经验型教育论文，作为一线教师的作者将亲自在教育教学实践中获得的经验、体会，进行了从感性认识到理性认识的升华、分析、概括、抽象、提炼，如何进行小学数学有效教学提出了自己的看法。从活用数学教材、合理创设情境、精心设计有效教学活动和正确处理预设与生成这四个方面阐述，并附有课堂教学的实例，使得原有"经验"转化为具有概括性、独创性、理论性的论文，进一步验证策略的实效性、经验性。

理论性的学术论文

学术型论文是专门系统研究教育教学领域的理论问题和表达科研成果、阐述学术观点的高层次论文（它并不意味着上述几种类型论文不具备学术性）。

撰写学术型论文，选题要求比较严格，一般篇幅较长，分量较重，论题必须与之相适应；它所提出的论点，就是对论题的创新见解；选用的材料要求达到必要、确实、新颖、充分、协调的选材标准；它特别强调新事实、新理论、新数字、新动态，整个内容要富于很强的理论性、创造性、论证性，以体现浓郁的理论色彩，将感性的认识上升到理性的认识，从而探索规律性的东西；在结构上，可参照一般学术论文构成的基本类型安排整体结构。学术论文通常与思辨性的研究方法相关联。

撰写学术型极强的论文，要求作者具有较高的学术水平、较深厚的理论功底、较强的研究能力和较高的写作水平。

例如《试论分层递进教学模式》[1]，作者分别从分层递进教学模式的理论依据、分层递进教学模式的基本要求、分层递进教学模式的操作程序、分层递进教学模式

---

[1] 刘树仁：《试论分层递进教学模式》，《课程·教材·教法》，2002（07）.

的实施策略四个方面展开论述，层次分明，结构缜密。

案例2-2

教师有效课堂提问：价值取向与标准建构[1]

卢正芝 洪松舟

[摘要] 教师有效课堂提问是教师在精心预设问题的基础上，通过创设良好的问题情境，在教学中生成适切的问题，引导学生主动思考进行质疑和对话，全面实现预期教学目标，并对提问及时反思与实践的过程。有效课堂提问的价值取向，从教学目标维度解读，有助于发展学生的思维，彰显师生主体性；从教学过程维度解读，是预设与生成的辩证统一，是关注课堂对话的开展、追求卓越的动态发展过程。教师课堂提问的有效性可以从提问预设、提问方式、提问内容、理答方式、提问效果、提问反思等六个维度进行评价。

[关键词] 课堂提问；有效性；问题情境；评价标准

[作者简介] 卢正芝，杭州师范大学教育科学学院教授 (杭州310036)；洪松舟，杭州市下城区教育研究发展中心教师 (杭州310014)

课堂提问贯穿教学的始终，是教学语言最主要载体，日本著名教育家斋滕喜博甚至认为提问是教学的生命。当课堂提问成为教育学关注与研究的焦点时，我们才发现，尽管广大教师在自己的教学生涯中提过成千上万个问题，但真正善于提问的教师实在是少之又少。我们看到的往往是教师为了课堂表面上的热闹而简单、随意、重复的提问，大多数的提问缺乏科学依据与科学设计；课堂提问的问题层次较低，认知记忆性问题过多地抑制了学生思维的发展；学生回答机会分布不均，存在不公平的现象；教师给予的候答时间短，且反馈评价方式单一；学生不敢、不能、不愿提出问题，没有承担参与课堂和积极思维的学习责任，学生的主体性人格受到忽视，主体性地位难以得到发挥。当力图改变这种课堂提问低效的现状，从而让学生在教学情境中学会思考，在探究问题中学会合作，在课堂中学会批判和创新，并将自身与世界关联起来时，我们将焦点聚集在了教师的有效课堂提问上，并对此进行了理论和实证研究。

[1] 卢正芝，洪松舟：《教师有效课堂提问：价值取向与标准建构》，《教育研究》，2010，(04)．

一、教师有效课堂提问的内涵界定

一般而言，课堂提问主要指教师的提问，课堂提问这一概念的口径不一、各有所指，有些仍以与课堂提问雷同的概念来研究有效课堂提问。国外对于教师有效课堂提问的概念界定，从关注的角度大致可以分为三类。一是关注学生，认为"有效提问"应能够使学生做出相关的、完整的答复，同时激发学生的参与意识；如果提问造成学生长时间的沉默，或者学生只能做出十分简短的或不当的回答，那么，提问就一定存在问题。[1]二是关注问题，认为有效的问题是那些学生能够积极组织回答并因此积极参与学习过程的问题，问题的有效性不仅仅在于词句，还在于音调的变化、重读、词的选择及问题的语境。只要引起了学生的回应或回答，就被看作是问题；如果这种回应或回答能让学生更积极地参与学习过程，那么，这种问题就是有效的问题。[2]三是关注思维，认为有效提问是通过指向开放性思维，而不是希望特定的回答或反应的提问，通常以"什么"、"怎么"、"为什么"等开始。[3]研究立足点的不同导致研究内容各异，所以需要加快有效课堂提问的研究，尽早厘清概念。

要界定有效课堂提问的涵义，首先要界定课堂提问和有效的内涵。课堂提问是指教师有目的地提供教学提示或传递所学内容的刺激，以及学生做些什么、如何做的暗示，从而引导学生积极参与课堂活动。"有效"一词在教学中主要包含三点：第一，有效地促进学生的全面发展，特别是学生情感态度、创新思维、批判思维的发展；第二，有效地改善学生的学习方式，掌握学习方法，促进学生学习能力的发展；第三，有效地发展教师的教学效能，促进教师的专业成长，实现教师的教育价值。

课堂提问的场所在课堂，提问有效与否的关键取决于教师，提问效果的有效程度看师生，课前预设和课后反思都会对课堂提问的有效实施产生直接影响。故广义的有效课堂

[1] Ur. Penny. A Course in Language Teaching: Practice andTheory [M].Cambridge: Cambridge University Press. 1996.29.

[2] 加里 D.鲍里奇.有效教学方法（第四版）[M].南京：江苏教育出版社，2002.209.

[3] Dale Hoskisson. The Value Question [EB/OL].http://cwd. Dhemery.com/2003/06/the _value_question/.

提问是指教师在精心预设问题的基础上，通过创设良好的问题情境，在教学中生成适切的问题，引导学生主动思考，进行质疑和对话，全面实现预期教学目标，并对提问及时反思与实践的过程。它包括了课堂提问的有效预设、课堂提问的有效实施、课堂提问的有效反思。提问实施的过程可分成三个阶段：提出问题、获取答案、有效理答，其顺序可表示为：提出问题、停顿（给学生思考的时间）、提问学生、学生回答、停顿（给学生思考的时间）、理答与反馈。有效课堂提问不仅是一个概念，是一种教师必备的教学技能，更重要的它是一种教学理念，一种对课堂提问走向有效和高效的价值追求。

"有效课堂提问"是相对于低效提问、无效提问而言的，有效的提问应能引起学生适度的紧张，使他们产生一种怀疑、困惑、焦虑、探索的心理状态，这种心理又驱使个体积极思考主动参与，不断提出问题和解决问题，促进学生的思维从无序向有序的提升，从疏漏向精密的提升，从散点向结构的提升。有效提问使教学成为双边的全方位交流过程，体现师生在教育中的主体性。有效课堂提问能够促进教师专业能力的发展，其最终目标则在于促进学生的富有主体人格的全面发展。

二、教师有效课堂提问的价值取向

有效课堂提问应是师生之间"我—你"主体互动交往的过程，这一过程包含了问答者、问答内容和问答方式三大要素。在教学内容上基于文本而又超越文本的有效课堂提问，从教学目标上倡导教师提出有价值、有深度的问题，以引起学生思维和行为的变化，从而彰显师生的主体性；从教学过程上倡导运用有效的提问策略在预设与生成的统一中开展师生的交往与对话，以追求动态的发展。

（一）从教学目标维度解读有效提问的价值取向

1.有效课堂提问促进学生思维的发展

传统教学中许多教师采用"满堂灌"的方法，使学生只是被动地接受知识，只限于教学目标的知识技能层面得以较好实现，但教与学的过程、学习和思维的方法，合作的情感、态度、价值观却未能有效实现，教师的课堂提问类型多停留于认知记忆等聚合式水平，虽然这对学生"应试"较为有效，但作为"社会的生命体"而言，思维的发展特别是批判性思维和创造性思维的发展更为重要，因为发达的传媒使人们每天都处于海量信息的包围之中。基础教育阶段是学生逻辑思维、抽象思维、创新思维快速发展的重要时期，特别是在中学阶段，"应试"的压力使学生的思维最易受到压抑，创新激情最易受到消磨，所以更需要关注和发展学生的思维。思维活动与问题是紧密相连的，有效课堂提问要求教师追求问题的质量和价值，容纳多元与质疑，让学生的思维在原有基础上获得进一步发展，让每个问题所涉及的观点与内容都能引发学生深度的思考，让学生拥有质疑的勇气，能独立、主动地以怀疑和好奇的态度开展思维，经常进行提问、分析、批驳和评价，对所判断的现象和事物有其独立的、综合的、有建设意义的见解，透过批判的反省，将自身与世界联系起来，并以行动转化现实，以语言表达现实世界，让课堂充满思想的火花，让思考不再是学生的精神负担，而是一种身心上的快乐和享受，使学生在教学中体会到自我生命的意义和价值，充分感受到教育对人的精神需要的满足与促进，从而引导学生过有思想、有道德、有民主的生活。

2.有效课堂提问彰显师生主体性

主体教育中教育者承认并尊重受教育者在教育活动中的主体地位，将受教育者真正视为能动的、独立的个体，以教育促进他们主体性的提高和发展。教育的主体性内含了教师的主体性和学生的主体性，教育首先要保证教师主体性的回归，才有可能实现学生主体性的张扬。在有效课堂提问中，教师将是充满主体意识的，他把有效提问作为自己的追求，主动地进行持续性反思和实践，不断生成教学智慧，才会有对学生主体性的关怀。有效课堂提问使具有主体意识的教师创设情境使学生产生强烈的求知欲和好奇心，帮助学生在新旧知识的碰撞、对比、理解、建构中主动内化自己的知识。学生始终是学习的主体，学生的课堂反应决定着教学的整个过程，教师要关注学生的需要、兴趣和兴奋点，学生主体性得到了展现，他们的知识、能力、情感才能更好地发展。有效课堂提问的预设、实施和反思过程，需要意识化的人格，建构师生的主体性，使双方以行动彰显存在并紧密交织在一起。

(二) 从教学过程维度解读有效提问的价值取向

1.有效课堂提问是预设与生成的辩证统一

有效课堂提问既是精心预设的，又是动态生成的，是充分预设与动态生成的辩证统一。预设是生成的前提和基础，生成是预设的超越和发展。课堂教学是有目标、有计划的活动,预设是教学的基本要求,没有预设将是无效的动态生成。同样,只讲预设,没有动态生成,就很难满足学生的学习需求和促进学生的发展。教学中的有效课堂提问也一样,它必定是预设和生成的辩证的统一。在教学的重点、难点精心预设问题,能增加课堂互动的可能性,更好地聚焦于教学目标,发展学生高水平思维能力,为各种可能的生成做好充分的准备,而立足文本的重点、难点有效生成问题进行提示和引导,机智地让学生现场提问,将使课堂更加精彩。

2.有效课堂提问关注课堂对话的开展

对话理念随着新课程改革的推进,正逐步成为教育领域的重要概念,它的出现改变了教学过程只有"流"而没有"变"的现象,超越了单纯意义的传递,具有重新构建新意义、新结果的功能。课堂对话是多元的,不仅有师生的对话,还有生生的对话、学生与文本的对话等,最主要的是师生之间的对话,这种对话是师生之间的平等对话性的交流与沟通。在有效提问中,师生之间信息交流的通道是多向的甚至是循环的,不仅有师生通道,还有生师通道和生生通道,它没有预定的结果,不排斥差异,允许学生各抒己见,质疑问难。正是由于师生之间的观点、论断和思想上的不同才使得对话得以生存和充满活力,学生的个性才能受到尊重和呵护,教学才能相长。

3.有效课堂提问追求卓越的动态发展过程

有效的提问并非是个人天生的,而是一种可被教授的、可习得的教学技能,唯有在学习与钻研中不断地修正与成长,进而创新和发展才能达成。教师应将有效提问技能作为自己教学生涯的一种追求,参照有效课堂提问相关标准,通过课堂实践持续反思和质疑,不断更新知识,并在合作共同体中相互交流和引领,由低效提问走向有效提问直至高效提问,由较低层次的有效提问走向较高层次的有效提问,不断追求卓越,有效适应教育改革的变迁,在有效课堂提问追求卓越的发展过程中,其专业教学能力也将是一个走向有效的动态发展过程。

三、教师有效课堂提问的标准初建

教师有效课堂提问评价标准的建构是一个理性分析与思考的过程,是从理论走向实

践的过程，只有从理论上厘清有效提问的"应然"表现，才能将建构的标准应用于实践、剖析"实然"。

由于国内缺乏客观化、明细化的教师课堂提问评价标准，我们在大量分析诸如国际培训绩效教育标准委员会组织开发的《教师能力标准》[1]等在内的相关文献基础上，尝试建构教师有效课堂提问评价标准。这是一个漫长而又复杂的工作，它既要有相关的学理依据和实践依据作为支撑，又要吸纳教育学专家学者的观点，更要依靠一线的骨干教师、行业人士的参与并听取学生对有效提问的一些想法，离开任何一方都是难以成功的。

（一）评价标准建构的相关依据

1.学理依据

自正规教学活动诞生伊始，教育理论者和实践者就开始关注教师课堂提问，研究和追求有效课堂提问。有效课堂提问概念的提出虽然是近期的事情，但人类从很早就开始了对课堂提问如何才能有效展开了探讨，诸多理论的产生和理论本身的嬗变为有效课堂提问的评价标准提供了丰富的学理依据。例如，后现代主义教育哲学主张的开放与多元思想、批判主义理论强调的质疑和批判精神为教师有效课堂提问提供了哲学基础；行为主义学习理论的刺激—反应—强化观点以及建构主义学习理论的知识建构和情境创设主张为教师有效课堂提问提供了学习心理学基础；师生交往理论中"我—你"主体互动交往思想，对话理论提出的对话者、对话内容、对话方式等要素为教师有效课堂提问提供了教育学基础；群体动力学理论提出的场环境促进个体交流和参与思想为教师有效课堂提问提供了管理学基础。这些理论基础为建构有效课堂提问评价标准及其三级指标的确定与表述提供了丰富的理论源泉，要求教师有效课堂提问提供一个让学生去批判、澄清、猜想、质疑的平台，注重培养学生的发散性思维、批判性思维、创造性思维，尊重学生回答问题的合理性、独特性、多样性，体现提问的支持性、建构性、人文性，学生的思维才能体现灵动与飞扬，创新的火花才能不断地被激发，课堂教学才能焕发生命活力。

2.实践依据

由有效课堂提问的概念可知，课堂提问按照课堂教学过程从宏观上大致分为有效预

---

[1] 克莱因.教师能力标准——面对面、在线及混合情境 [M].上海：华东师范大学出版社，2007.10—35.

设、有效实施、有效反思三个阶段，而有效实施作为其中的关键环节又可以根据顺序分为几个阶段。结合前期六十余节新课的课堂观察及与32位学生、21位教师的访谈结果等研究素材，以课堂提问的教学实践过程为主轴，可将评价标准在一级指标上分为六个维度：

(1) 课堂提问预设有效性；(2) 课堂提问方式有效性；(3) 课堂提问内容有效性；(4) 教师课堂理答有效性；(5) 课堂提问效果有效性；(6) 课后提问反思有效性。这六个维度是对有效课堂提问所包含的三个部分——提问的有效预设、提问的有效实施、提问的有效反思的细化，其中，课堂提问方式有效性、课堂提问内容有效性、教师课堂理答有效性，都属于课堂提问有效实施的范畴。一级指标的六个维度充分展现了课堂教学的实践过程，符合授课的实际情况，得到了全体访谈教师和教育学专家的认可。

(二) 课堂提问评价标准的初步建构

有效课堂提问作为教师最基本的专业素质之一，是内隐行为和外显行为有机统一。内隐行为是运用大脑中活跃着的教育理念引导教师做出外显行为的价值判断过程，是关于为什么这样说、这样做的问题，即教师将以自身所秉持的学生主体观和全面发展观引导其合理设计提问内容和实施课堂提问；外显行为是教师在教学过程中表现出来的一系列可见的行为，是关于教师说了什么、做了什么的问题，即教师在课堂提问时能以平等的姿态向学生提问，积极引导学生，鼓励发散思维，提倡批判和质疑等行为。这些行为强调教师凸显自身的主体性，为学生主体性的确立创设情境，主动关心学生的全面发展，而不是仅仅局限于知识技能的传授，其更注重学生完善人格的塑造，创新精神的培育，思维能力的发展。

通过对各种琐碎提问技术的不断提炼和编码，经过筛选，先将标准分为20个要素指标，以邮件和面谈的方式与中小学校长、特级教师、教授、学生就教师提问的真实感想进行十余次沟通交流，删除了部分指向不明和意义不大的指标，并吸纳各方意见，反复修改，初步拟定了教师有效课堂提问标准，将6个一级维度分解成13个要素指标和39个表现指标，凸显有效课堂提问应有之意。评价标准的一级指标以教学实际过程为依据，二级要素指标是在一级指标基础上进行的细分，三级表现指标具体分解落实了课堂教学的目标并渗透对有效课堂提问价值取向的解读，充分融合了学理依据的各种思想，如指标涉及的

设计开放性问题发展学生创新思维和鼓励学生质疑批判，体现了后现代主义和批判主义理论等哲学依据；涉及的提问音调变化、引导鼓励学生提问和创设问题情境体现了行为主义学习理论和建构主义学习理论等学习心理学依据；涉及的师生主体参与和课堂深层对话的开展体现了师生交往理论和对话理论等教育学依据；涉及的公平对待不同学生，使他们感受集体的安全性和所有学生都有发展，体现了群体动力学的管理学依据。

四、教师有效课堂提问评价标准的修正与建构

理论研究所建构的评价标准虽有对应的理论支撑和较扎实的实践依据，但仍有许多值得商榷和完善的地方，既需要经过一线教师的实践检验，在使用中不断得以调整，又需要听取教育学专家的不同意见，以期在最大程度上求得对《有效课堂提问评价标准》的共识并获得新的智慧和启发，因此主要从理论和实践两条路径征求改进意见，力求使研究更加完善。

（一）评价标准的修正

1.一线教师的建议

将此评价标准分别在浙江海宁市盐仓学校和杭州市青春中学向全体教师做了评价标准解读的交流，结合前期在语文、数学、科学的课堂提问观察中发现的问题和优秀案例，从有效课堂提问的内涵、特征，有效提问的评价、评价标准的使用等方面进行了阐述，重点对有效课堂提问评价标准各项指标的具体内涵进行了逐条解读，教师们对评价指标有了较为清晰的认知。为达到改进评价标准的目的，要求教师们以学科组为单位，对评价标准进行集中讨论，从"总体评价"、"标准的逻辑结构"、"标准的语言表述"、"标准中未提及但重要的指标"、"其他建议"等五个方面提出进一步的改进意见，一方面是为了让教师能学习和内化评价标准，知道有效的课堂提问应该是怎么样的，另一方面为研究提供了丰富的实践智慧，让研究更加充实。在学科组内讨论中，我们也反复参与其中，既能现场聆听教师的意见，也能对部分指标进行进一步说明，这样能更好地领悟彼此的思想。在做完评价标准解读之后，回收改进建议并做认真梳理。从这些建议来看，教师们对评价标准寄予厚望，希望能真正发挥促进教师提问技能发展的作用，同时也提出了真诚的批评和有

益的建议。

2.理论专家的指导

在研究过程中，我们利用各种渠道向国内有关著名教育学专家寻求对有效课堂提问评价标准的意见和建议。概括专家们提出的建议，评价标准在改进时要考虑以下四个方面。一是教师预设问题要从学生出发，考虑不同学生的不同需要；二是教师提问要为学生提问创设空间，鼓励学生质疑和提问，注重学生问题意识的培养，处理好教师提问与学生提问之间的关系；三是由于学科性质的差异，如人文学科和科学学科的目标不同，因此可结合教育目标分类的内容，对提问的类型进行分析，在有效提问指标上体现出对不同问题类型的要求；四是在指标设置上，不仅要强调有效提问作为技能对教师的要求，还要体现使有效提问成为教师的个性品质和教学情感，促进教师有效教学观的真正提升。

(二) 评价标准的建构

针对教师和专家们提出的建议，我们从标准的可操作性（基于课堂观察在评价时选择应用性评价标准）、评价标准的差异性（学科差异性、教师差异性和学生差异性）、部分指标建议的反馈等三个方面进行思考和回应。在梳理各方建议并做相关研讨之后，对部分指标做了修正。

有效课堂提问评价标准涵盖了有效提问在教学内容、教学目标、教学过程等方面的价值追求，以具体的行为表现追求师生主体人格的和谐发展，凸显有效课堂提问统一预设生成、张扬师生主体、开展课堂对话、发展学生思维、实现三维目标、追求动态卓越等意蕴。有效课堂提问评价标准作为理论思考的成果之一，目的在于应用教学实践促进教师提问技能的发展，它可以作为教师自我评价，也可以作为他评。在自我评价时，可用于备课时对教学设计进行思考修正和授课后的反思与实践；作为他评，基于教研组课堂观察后的反思与评价，既可以根据各观察维度进行定性评价，也可以使用五点或七点计分法进行定量评价。遵循发展性教师评价的思想，不鼓励对评价标准的各指标设定权重，不用于教师的甄别与考核，而是相信作为专业工作者的教师有自我发展的内在需求，鼓励教师自身参与到课堂教学的评价中，重在通过研究发现课堂提问中的不足以促进教师个体成长，

只要给予适宜的建议和时间教师都能够达到预期的水平。

/ 论文的基本结构 /

虽然教师教学论文研究成果的表达方式有很多，而论文作为教师教学科研成果的一种表达方式，甚至不是主要方式，但论文毕竟是教师走向高水平教学科研的必经途径。许多教师都非常畏惧教学科研论文的写作。之所以有这样的心理反应，很大程度上是由于阅读量少，写作更少，同时又缺乏必要的指导。教育科研论文的写作并不是想象的那么难，只要多阅读、多写作，并且掌握一定的写作方式方法及技巧就可以写出高水平的教育科研论文。

不同体制的教育科研论文，其结构也是不同的，因此，我们就教育科研论文的一般结构作为阐述。按照论文的一般结构，教育科研论文包括前置部分（标题、署名、摘要、关键词）正文、引文（注释、参考文献）。下面就这些方面的写作加以介绍。

前置部分 /

我们可以把论文主体部分之前的部分都叫作其前置部分，在论文的前置部分里，一般包括题目、作者姓名及单位、内容摘要与关键词，在一些学位论文或者篇幅较长的论文中，有时还会编排目录等。

标题

标题是论文内容的高度概括，是文章的眼睛，也是论文精髓的集中体现。通过标题，读者可以抓住文章的主要内容与精神，同时好的标题可以吸引读者，增加读者阅读文章内容的兴趣。因此，每个作者总是力图以最简洁、最鲜明的语言来概括论文的内容，来吸引读者的眼球。一个抢眼的论文标题具有重要的意义。

标题的基本类型

从标题与文章的论点、论题的关系来划分，可将标题分为三种类型：论题式标题、论点式标题、论题与论点结合式标题。

论题式标题。即揭示研究的是什么问题的标题。也就是将所要研究的内容概括出来作为标题。如《有效课堂教学的特征及其实施策略》、《浅析新课程理念下课堂提问的有效性》、《谈中学数学中学习迁移能力的培养》等。论题式标题对文章的内容范围有一定的限定，但从中看不出作者的观点是什么。那些论点难以用一句简洁的话概括表达的研究，可以选择论题式标题。一般而言，要想比较全面地表达研究内容，可以用论题式标题，而只是想强调并突出某一方面便选择论点式标题。

论点式标题。即把文章的中心论点概括出来作为标题。论点式标题直接展现作者的观点，明确显现文章的特征，标题醒目，具有很强的吸引力，往往能够抓住读者的视觉和阅读力。由于论点的概括的范围是有限的，所以论点式标题比较适用于中小范围的研究，而对于研究范围较大的研究还是适合用论题式标题，或论题论点结合式标题。如《教师应该注意培养学生的创造力》、《语文教学应重视注释》、《教案设计要体现新课程理念》等。

论题与论点结合式标题。即论点论题均在标题中体现的标题。一般这类标题为正副双标题。论点式标题为正标题，论题式标题为副标题，表明研究内容、研究对象、研究方法、研究目的等。论题论点式标题比较明确地展现了论点与论题，但是由于标题较长，在一定程度上会影响标题的表达力。如果可以用论题式标题或论点式标题表达的标题，不建议使用论题与论点结合式标题这种方式。

标题的基本要求

标题应能概括文章的特定内容，符合编制题录、索引和检索的相关原则；如果有必要可以加副标题，用较小的字号另起一行；标题应该尽量避免使用非公用的缩略语、字符、代号和公式。要使文章的标题有强大的吸引力，不仅要注意以上要求，而且还应符合以下标准。

概括性——要求标题要概括主要观点、主要内容。使读者一看标题就知道写的是什么。

规范性——要求标题要符合文体要求和语法规范。论文的标题很少以问句的方式出现，如"为什么"、"怎样"、"如何"等，而是用一般陈述句来表达。标题的语法要符合基本规范，注意语句成分是否颠倒；语境是否有限制；多义词改为单义词等。

简洁性——标题的表达不宜过长，尽量删繁就简，较长的标题可以采用副标题来加以调整，数量词代替具体内容。

创新性——标题要耳目一新，给读者眼前一亮的感觉，能激发编辑和读者的阅读兴趣。标题的"新"其实是与研究思路、研究内容、研究视角的新颖密切联系。反映新问题、新对象、新矛盾的标题最容易出新，用新视角、新思路研究老问题也可以出新。

署名

论文署名的次序表明了研究者在研究中贡献的大小。在合作项目中，由于人数不只一人，而且关系到各自的相关利益，因此对署名的次序不容小觑。

论文署名标示着文责自负，只要有署名，对于文章的责任也就承担了。有些人不参加科研、写作，却在他人研究成果上"挂名"，这样的行为只是考虑到了对科研成果的占有和使用的益处，而没有充分地考虑到其要承担的相关责任。因此，如果没有对研究或论文写作作出贡献，或者对研究成果有歧义，请不要要求署名，以避免责任风险。

教师作为一名知识的传递者，也是教育理论的研究者和实践者。教师应按照职业道德的要求，尊重他人的劳动成果，树立法制观念，保护知识产权。严于律己，不在没有参与工作的研究成果中署名，不虚报教育科学和研究成果，不以任何不正当的手段谋取利益。

论文的署名不仅包括论文作者的名字，许多刊物还会署上作者单位的全称，同时标注所在省、市及邮政编码，并且要求附有作者的简介等，以便区分重名作者、验明作者的身份，便于读者了解作者以及联系作者。从投稿的角度上说，作者署名的内容和方式、风格等要严格按照刊物要求来统一书写。

摘要

论文的摘要是教育科研论文的重要组成部分，掌握摘要的写作是写好教学科研论文的一项基本功。摘要是论文内容的提炼,是论文的有机组成部分。国家标准中规定,摘要要"以提供文献内容梗概为目的,不加评价和补充解释,简明确切地陈述文献重要内容的短文"。摘要具有独立性和自含性,是一篇完整的短文。摘要是文章观点的概括,而其重点是结果和结论。摘要中不应出现图标、公式和非共知的符号、缩略语。摘要的内容应包含与论文同等量的主要信息,即不阅读全文就能获得主要的信息。

摘要写作的意义

(1)对于读者而言,可以通过阅读论文的摘要来判断是否有必要继续阅读全文,方便读者把握全文,同时也为读者提供了制作资料卡片的方便。

(2)对于编辑而言,可以通过阅读论文的摘要就知道文章的核心内容、作者的观点。编辑可通过摘要来判断论文的价值、作者的水平,从而做出初稿的选定。也许有些论文没有摘要也是篇质量高的、有价值的论文,但是没有摘要的论文是不规范的,权威性、规范性的学术期刊是不会刊登没有摘要的论文。有时候,编辑会通知没有摘要论文的作者补上摘要。由于杂志社的稿件一般较多,对于没有摘要的论文会被积压而后延迟,这样就会影响作者及时发表论文。

(3)对于检索而言,可以为计算机检索提供方便。随着信息技术的发展,各种引文、文摘型数据库在不断地增加。各级各类学校的图书馆也相继建立了自己的图书资料库。论文发表以后,文摘杂志和期刊杂志等各种读书资料库对摘要可以不作修改或稍作修改而直接利用,从而避免可能产生的误解、欠缺甚至错误。论文摘要的索引是读者检索文献的重要工具。

因此,摘要是论文必不可缺的重要部分,不仅要有摘要,而且还要有高质量的摘要。作者应当充分认识到论文摘要的重要性和写好摘要的必要性,扎扎实实地写好看似简单的论文摘要。

摘要写作的基本特点

(1) 短。摘要的字数一般不超过200字,200—300字为宜。

(2) 精。论文的摘要内容要准确,把论文主要内容概括出来,言简意赅。

(3) 整。一篇摘要是一篇独立的短文,结构严谨,逻辑性强,独立成篇,不加评论。通过内容摘要能够反映全篇文章的结构与主要观点。

(4) 异。摘要的字体与正文不同，字号排在作者署名与关键词之间。有些刊物要求有英文摘要，英文摘要的内容应与中文摘要相对应。

摘要写作的注意事项

(1) 不作自我评价。对于文章的评论应该由广大的读者去做，而不是作者自卖自夸。

(2) 不用介绍性质的语言。介绍性写作例如"本文通过……对……作了……论述"或"本文论述了……分析了……并提出了……"之类。这样的介绍是模糊的，读者看不出文章到底谈了哪些。它没有把文章的核心观点反映出来。

(3) 不能出现"笔者"、"我"、"我们"等主观性词语。论文摘要要客观，主观性词语的出现会使摘要有失客观性。论文摘要的内容本来就是作者自己的观点，没有必要出现主观性的词语。

(4) 摘要中避免出现"引用"，除非是与论文观点直接相关的引用才可以。

(5) 不要出现"本文"、"本研究"等词语。这样的词语出现表明不是直接呈现论文内容。

(6) 不能简单地把"引言"或"结语"部分的内容照抄过来。

(7) 不能列举例证及研究过程。

摘要写作的要求

(1) 内容摘要的写作可以根据各级标题的内容，通过适当的组织方式来写作。下面一例可供参考。

《试论分层递进教学模式》[1]一文的摘要：

分层递进教学模式是班级授课制条件下实施个别化教学的有效模式。"合分结合、动静协调、全员参与、各有所得"是这一模式的基本要求；此模式一般包括定标导向、诊断补偿、同步讲授、分化训练、回授调节、整合评价六个环节。为充分发挥分层

---

[1] 刘树仁：《试论分层递进教学模式》，《课程·教材·教法》，2002 (07)。

递进教学模式的优势和功能，还要把握好具体的实施策略。

全文介绍了分层递进教学模式的基本要求和操作程序，分别设有四个和六个二级标题。这四个要求，六个环节的内容更好地体现了文章主要内容。

(2) 摘要内容是对文章核心内容、主要观点的直接呈现。

《校长走向文化领导的困境与策略》[1]一文的摘要：

校长走向文化领导是学校领导发展的新趋势。在现实中，校长文化领导使命的履行受学校文化自身的保守性、自身的角色定位、文化传统的约束等因素的影响，使得校长成为文化领导的道路充满困境。校长要成为文化领导，需要重建学校的组织文化，明确角色定位，加强自身的素质。

这篇论文摘要向读者展示了论文的两大部分，分别是校长走向文化领导的困境和策略。这样写使读者一下子抓住了文章的主要内容，可以明白整篇文章的结构。

(3) 内容摘要毋需对论文内容作出评价，可不写出评价性语言。

《历史经验与教学改革——兼评凯洛夫〈教育学〉的教学论》[2]一文的内容摘要：

我国当前有关课程与教学改革的争论，可以追溯到近现代世界教育史中"传统教育"与"现代教育"的影响，进而与新中国成立后在普通教育中学习凯洛夫《教育学》有密切关联。本文对历史上"传统教育"与"现代教育"，以及凯洛夫《教育学》的"教学论"中关于对系统知识的学习、在学习系统知识基础上发展认知能力，学习系统知识与形成科学世界观及良好的道德品质，以及教学中教师与学生等四个问题的关系进行了概括论述。希望通过对这些问题的论述，对于当前的课程与教学改革起到一定的参考作用。

这个内容摘要对文章核心内容"传统教育"与"现代教育"的追溯；对凯洛夫《教育学》评述是从四个方面的关系进行概括论述。说明这两种教育思想各有其可取之

[1] 李朝辉，《校长走向文化领导的困境与策略》，《中小学教师培训》，2011 (07)．

[2] 黄济，王晓燕：《历史经验与教学改革——兼评凯洛夫〈教育学〉的教学论》，《教育研究》，2011 (04)．

处, 也各有其必改之处。使读者一下子能够抓住文章的核心观点和主要内容, 而且可以明白整篇文章的结构。摘要中"希望通过……对于……起到一定参考作用"并非是该问题作者所做评判, 而是一种愿望。

关键词

关键词是规范论文的组成部分。一篇论文要求的关键词只有三五个, 就是这三五个关键词, 却是不容易写的, 有时抓不住关键, 很多人都不会写。

关键词的概念

关键词也成主题词, 是反映文章主题和最主要内容的有实质性意义的名词性术语。关键词是现代论文的体制要求, 必不可缺。

关键词的意义

关键词对文献检索有着重要作用。它是计算机系统标引论文内容特征的词语, 方便于信息系统汇集, 以供读者检索。如果所发表论文中没有关键词, 读者就不能检索到文章; 如果关键词选择不准确, 则会浪费读者检索时间, 同时不能发挥论文的作用。因此, 关键词并非可有可无的, 也不是随便选择几个就可以的, 它的准确与否直接影响到论文的检索、传播与影响。作者一定要认真对待。

关键词的基本要求

关键词不能随意地选择, 因为关键词选择是否恰当, 关系到该文被检索和该成果的利用率。关键词是从题名、层次标题和正文内容选取出来的, 是反映论文主题概念、对表述论文的中心内容有实质意义的名词性术语。

(1)关键词的数量一般每篇可选3—5个。

(2)关键词的排序, 通常依据概念的大小或论文问题的先后顺序排序。

(3)关键词之间要用分号分开, 以便于计算机自动切分。

(4)关键词应以与正文不同的字体字号编排在摘要的下方。

关键词的选择

如何选择恰当的关键词呢?

(1)从正文内容概括关键词。可以根据正文内容进行整体概括。

(2)从论文题目中找关键词。

(3)从层次标题中找关键词。各级标题,特别是观点性的标题,是对文章内容的概括,能够涵盖全文的主题和主要内容。因此可以从一级标题或二级标题中选择恰当的关键词。

(4)从研究领域中选择。关键词要与论文的核心内容紧密相连,能够反映出核心内容和核心观点。关键词的选择一定要具有实质意义,能够反映本篇论文的关键信息,以方便读者的检索。一般短篇的论文,可以没有摘要与关键词,但学报类期刊发表论文一般都要求有内容摘要与关键词。

在学术论文中,一篇论文的前置部分是读者了解文章主要内容的一扇窗户。论文的摘要中可以涵盖研究背景、研究目的、研究方法、研究结论等内容,文献标志码为A、B、C的文章[1]需要有中文摘要。中文摘要排印在作者的下一行。一般来讲,每篇文章可选3—8个关键词。多个关键词之间应用分号分隔。中文关键词前应冠以"关键词",排印在摘要的下一行。前面空两格,后面不空格,中间不空格。

在学术论文中,有时为方便检索与国际交流,需要加入英文摘要,翻译时要求英文摘要与中文摘要完全一致,而且要注意符合时态、语态、人称等英文语法规范,例如在英文摘要中常用的时态有一般现在时和一般过去时,以表达简练、准确为佳。我们在撰写学术论文时一定要根据相关内容注意其书写要求。首先,外文字母有正体与斜体之分,还有大小写的区别,它们都有特定的用途与使用场合,表示不同的意义。通常情况下,正体字符主要用于法定计量单位、数学符号、化学元素符号、国家标准等代号、人名、书名、地名等;斜体字符则常用于物理量的相关符号、数学符号、生物学中的一些拉丁学名、化学中的一些符号等;此外还有大写体的使用一般是在句子首字母、人名首字母、题目中每一个词的首字母(由四个字母以下组成的前置词、冠词、连

---

[1] 文献标志码:国家新闻出版署1992年发布并试行了《中国学术期刊(光盘版)检索与评价数据规范》,对入编《中国学术期刊(光盘版)专题文献数据库》的期刊提出了要求,每篇文章或资料应有一个文献标志码,如:A——理论与应用研究学术论文(包括综述报告);B——实用性技术成果报告(科技)、理论学习与社会实践总结(社科);C——业务指导与技术管理性文章(包括领导讲话、特约评论等)。

词除外)、一些计量单位等。

以下案例较具体地展示了一篇论文完整的前置部分。

案例2-3

论多媒体课件中隐性文化的建构[1]

余文娟 郑宁

(湖南师范大学教育科学学院 湖南·长沙 410081)

摘要:隐性文化作为教育传递的重要内容,越来越受到大家的关注。而在教育教学过程中,多媒体课件近年来同样也受到人们的追捧。本文试图将二者结合起来,首先探讨多媒体课件中的隐性文化及其对教学的作用,分析多媒体课件中隐性文化的建构,以此达到对多媒体课件教学的进一步理解,进而优化教学效果。

关键词:多媒体 课件 隐性文化 建构

中图分类号:G642 文献标识码:A

Construction of Latent Culture in Multimedia Courseware

YU Wenjuan, ZhengNing

(Educational Science School,Hu'nan Normal University,Changsha,Hu'nan 410081)

Abstract: As the important content for education transfer,Latent Culture have people's attention more and more.And in the teachingprocess,the Multimedia courseware also have the adored by people.This paper tries to combine them together.First,to findthe Latent Culture and it's role for education in Multimedia courseware,analysis the Latent Culture's construction,to achieve thefurther understanding of multimedia courseware,and to optimize the teaching effect.

Key words: multimedia courseware; latent culture; construction

正文 ╱

正文是一篇论文的主体,是论文的核心、关键与要害。在正文中作者提出自己的论点,运用丰富的材料展开充分、严密的论述,证实或推翻某一观点。论文质量的高低

[1] 余文娟,郑宇.论多媒体课件中隐性文化的建构.科教导刊.2011.(6).(选取案例时有所改动)

体现了作者的研究水平，甚至在一定程度上影响整个研究的质量。因此，写出高质量、高水平的正文非常关键。

正文的结构

一篇论文要有完整的结构。一般的论文具有三部分，分别是引言、本论和结语。引言、本论、结语一般不直接出现在论文中，而是通过文章结构体现出来的。

引言部分，一般介绍研究的背景、选题的原因、选题的意义等等，引出论题。引言的写作，可以以选题背景引出论题，以材料引出论题，以概念解释引出论题或直接引出论题等。切入主题要快，不允许引言太长。一般引言起引子的作用，一段文字，一百到两百字即可。如果一篇论文没有引言，会显得突兀。如果引言的内容很重要，也可以把它变成论文的第一部分，从而将不出现引言。

本论部分，主要是提出问题、分析问题、解决问题。不同格式的本论决定了不同体例的论文。

结语部分，不是对前文内容的简单重复，而是重在总结提升。结语部分也是论文的结论，它是论文的结尾部分，是全文论证过程的总结，是论题被充分证明的结果。它能使中心论点进一步深化，围绕中心论点，对问题深入地分析，提出解决问题的建议、设想等。结论并不是重新提出文章的中心观点，而是再次强调以突出观点，以突出文章的重点和研究价值。余论与展望要简洁概括，点到为止。结论部分的篇幅长短，应该根据论文的性质来定。实证性教育论文的结论部分一般较长、分量较重，而经验型教育论文在论证过程中已经将结论明确地提出，则在结论中可以简略一些。对结论有八字要求：准确、完整、明确、精练。

论文有不同的结构形式，主要有并列式结构、递进式结构和混合式结构。

并列式结构

并列式结构也称横向式结构，各级从属论点呈现横向并列的形式，从不同角度、不同侧面论证中心论点。它包括"总—分"式结构与"总—分—总"式结构。

绪论——总起：提出中心论点

本论——分述:

第一层次

第二层次

第三层次

第四层次

结论——总论: 再次提出论点

上述结构模式为"总—分—总"式结构, 如果没有结论部分, 为"总—分"式结构。

递进式结构

递进式结构也称纵向式结构, 递进式结构对中心论点的论证, 由浅入深的论证, 层层展开、逐层深入, 从而深刻透彻地论证中心论点。结构如下:

第一层次——提出问题

第二层次——叙述现象

第三层次——分析原因

第四层次——提出策略

第五层次——得出结论

这样的结构适合对问题进行全面剖析, 深入探讨。几个层次, 环环相扣, 由浅入深, 系统完整, 条理清晰, 论证强而有力。

混合式结构

混合式结构就是并列式结构与递进式结构的混合使用, 形成一种纵横交叉式的结构。混合式结构适用于层次关系比较复杂的论文。这种结构方式有以下两种形式: 一是在第一个并列层次上展开递进, 即为并列式中的递进式结构; 二是在每一个递进的层次上展开并列, 即递进式中的并列式结构。

论文不仅要讲究结构的完整, 而且还讲究结构上的平衡。结构平衡指的是内容平衡、层次平衡和文字平衡。

内容平衡，是指论文的内容主次安排要得当。研究内容的各部分之间安排恰当。论文的研究背景、选题的意义、文献综述等占用的篇幅不能过大，要把真正核心的内容放在重要的位置，详审内容的主次安排。内容的平衡往往体现着结构上的平衡。

层级平衡，是指同级标题所探讨问题在同一个层级上。不能把不同级别的问题放在同一层级上论述，要理顺问题的层级。

文字平衡，是指同级标题的文字数量大致相当，保证均衡。

正文的基本要求

要提升理论水平

论文不是一般的教育随笔，论文要体现出一定的理论深度与理论水平。论文有没有水平，不能只关注它是否引用的理论，主要是通过作者对问题的分析、论证体现出来的。只有理性认识，才能反映事物的规律，在书写论文时要加强理论分析与论证才是提升文章理论水平的关键。

我们如何做才能提升文章的理论水平？

一是要有分析论证的理论框架。即对研究问题进行分析的完整的结构体系，在这个结构体系中研究对象应具备较为完备的主次各个方面。分析论证的理论框架包括分析论证的方法论体系和论文的结构安排。提升论文的系统性和完整性，是要在论证时将某种结构框架对研究对象展开分析与论述，这样既可以使研究内容形成体系，又能体现出理论的严谨和完整。

二是加强细密的分析和严密的论证。只有通过逻辑分析、提炼和概括，才能把教学实践与教学科研的成果上升到理论层面上来。一篇论文不仅要阐述是什么，而且更重要的是阐释为什么的道理，把道理阐释清楚、阐述透彻。一篇好的文章不单单是理论的阐述，它还要用事例经验进行论证，以具体的事实来证明理论假设和逻辑推理的正确性与科学性。论文不是事实的罗列，材料和观点的列举，观点加例子的简单论证。提升论文的理论性，一定要在科学认识的基础上，进行分析、概括、归纳、演绎、类比等逻辑论证。只有加强理论分析，揭示事物之间的关系，透过现象看本质，分析并揭示事物的规律和本质,才能提高论文的理论水平。

三是恰当地发挥已有理论的作用。论文行文中作者一定会选择某种或某些已有的理论作为文章的理论基础,那么如何更好地发挥已有理论的作用就是研究者十分必要的思考。理论的引用一定要在文章的内容上有所体现,那些与文章基本观点不相关的理论不应图时髦、新鲜而简单罗列在论文中,应避免形同虚设的理论。

表达要有起承转合

论文部分与部分之间、段与段之间、句与句之间要有过度和衔接,论文的表达要有起、承、转、合。

起,即起领起句子和段落的作用。

承,即承接句子和段落的作用。"承"是"起"的进一步展开,承是进一步深化、进一步拓展。

转,即把问题转到另一个方面或另一个层次上继续论说。它可以是过渡段或过渡句,起着承上启下的功能。"转"可以使文章衔接过渡得更自然,使论证论述更加严谨。

合,即对文章进行总结概括。合的作用在于它是文章的支架,支撑前述或架起全文,抓住全文的要领,纲举目张。

"起承转合"是写文章的基本规律,我们在撰写教学论文时也应注意与掌握,这样才能更好地写出严谨的论文。

用对各级标题的序号

论文中往往需要用不同层级的小标题来表示文章的层次,因此离不开标题序号。标题序号是一个常识性问题,但却有许多人在这个简单的问题上出现错误。下面列举一至五级标题的用法。

一级标题:一、

二级标题:(二)

三级标题:1.

四级标题：(1)

五级标题：①或1)

注意：二级标题和四级标题的括号后面不要加顿号。原因在于右半边括号已经具备标号的分隔作用，再加上顿号就重复了。还应注意三级标题后面是实心的小圆点，而不是顿号。另外，如果文章中只有一二级标题，也可以用三级标题直接表示二级标题。

内容与标题关系

论文的内容是紧扣标题写作的，内容与标题要相结合。这是论文写作的第一要务。"跑题"是写作的大忌。现实中确实有很多论文出现这样的情况，文不对题。

跑题的表现有以下几种：一是小题大做，二是大题小做，三是文、题分离。还包括"部分不对题"与"完全不对题"。

出现跑题有两种修改方式：一是舍弃跑题的内容，根据题目重新进行修改；二是根据已经写好的内容重新拟定题目。

文章内容与题目是相对的，它包括整篇文章的内容与标题要相对，还包括各级小标题与小标题所表达的内容要相对。

表格与插图

表格

表格与插图是教学科研写作过程中最常用的两种辅助性手段。通过表格和插图的使用，可以简洁明了地使研究材料的数据、统计结果等信息呈现，从而使论证更具有说服力。

表格是指用数字的方法把研究数据、统计结果等书面材料按项目归类表达的方法呈现出来的方式，通过使用表格可以使不适合文字叙述的材料通过数据呈现，达到清晰明了的效果，有助于对用数量表示的材料进行比较与分析。

(1) 表格的种类

按照表格的边框来分，表格通常包括圈框表、横线表、卡线表、系统表等几种类型，我们通常可以在论文中根据内容与选择用不同类型的表格。

a. 圈框表

圈框表是最传统、最完整的一种表格，其上下左右都用线条连成框，栏头有斜线。

表5-1 圈框表表样

年份＼项目	国家投资	地方投资	群众集资	学校自筹
2009年	…	…	…	…
2011年	…	…	…	…
……				

b. 卡线表

卡线表是一种适用于三项或者三项以上文字或者数据的表格，其直栏用直线隔开，由表序、表题、栏头、栏目、共用单位、表身、标注等组成，这种表格简洁醒目，常用于内容、项目较多的情况。

c. 横线表

横线表保留卡线表的全部功能，而且减少卡线表的缺点，它的栏头取消斜线，表内也无竖线，省去横分隔线，以空白位置代替表格边框，通常只用两根组线和表头下的一根细线，醒目地将材料呈现给读者。

d. 系统表

系统表常用于表示多层次的、有隶属关系的事项，常见的系统表用括号、横线、竖线等将文字连贯起来。

(2) 表格的运用

表格最大的作用就是帮助正文说明问题，因此作为正文的一部分，表格必须根据正文内容进行精选，可以不要的表格尽量就不要，能用文字简单说明的内容也尽量不要使用表格。在使用表格的过程中应当注意：

一般情况下，表格是为了更好地帮助正文说明问题，因此在正文中插入表格时先应有一段引入的文字，可以大致阐述观点，引用该表格的编号。绘制好表格后，再根据相关内容进一步用文字进行说明。

表格的标注和引用。制作图表应当有表序、表题,表序是表格在文章中出现时的先后顺序,一般按章排序,例如"表3-2",就表示第三章第二表,两数字之间的连线为半字线,若文中只有一个表格,也可以标注"附表"、"见下表"、或者"表1"等;表题是表格的题目,应当出现在表的上面居中书写,而且表序与表题之间应当空一个字符。

表格中的材料应当合理安排地呈现出来。使用表格是为了使读者通过其条目组织在短时间内高效地阅读大量信息,因此表应该加以组织,以至于其条目能够彼此相互比较。为了遵循这项原则,一般而言,不同的指标(例如平均数、标准差、样本大小),应该被分解成不同的部分。只有合理组织表中各项材料,才能达到最优的效果。

插图

插图一般用于在论述过程中表示结构组成、形貌、量的变化等,完整的插图一般由图形、图号、图名、图注等组成。插图可以通过直观而准确的方式展示事物的形态、结构、特性、变化等,以简洁的线条或图形取代一些用文字难以准确描述的东西,不仅可以使作者要传达的意思生动传达,还能使版面清晰简洁、美观生动。

(1) 插图的种类

论文中的插图是以一种易于理解的直观形式提供信息,用来表示结构组成、形貌、量的变化等,一般由图序、图形、图名和图注组成。插图的种类有很多,论文中常见的有柱状图、饼形图、线条图、照片图等。

a. 柱状图

柱状图一般用宽度相同而高度不同的柱状图形,排列在坐标内表示数据,这类图以柱状的高低来表示相对数量关系,如果要区别不同的量,还可以在并列的条形柱状内以线条、涂黑等方法以示区别。

b. 饼形图

这种插图是把圆的面积看作100%,然后按照相应要取的数值割取相应的扇形,表示对应因素在整体中的百分比。使用饼形图，用来作对比的项目不宜太多，应当保持在五个或者五个以下，最好将各个部分按照大小顺序先后排列，一般从最大的部分开始，从十二点钟方向开始顺时针依次排列，而且可以用不同的颜色或者线、点来表示不同的部分，这样能够更直观地比较出项目之间的差异。

c. 线条图

线条图又包括坐标图、示意图、工程图等，使用时应当根据材料灵活地选择。线条图中的线条应当线型准确，粗细均匀，笔画清晰流畅，曲线线条也应均匀光滑，不宜出现毛刺分叉现象。

d. 照片图

照片图也是论文中常用的插图形式之一，通常有实物照片和动态照片两种。由于照片图可以将事物真实准确地展示出来，因此常被用于艺术作品、建筑物、设备实物、课堂实况等等，在使用照片图时应注意图片画面要安排得合理得当，注意画面整洁，照片无折痕。文章原件中的照片图应当是原版照片粘贴。

(2) 插图的运用

在论文中加入必要的插图不仅可以使文字形象化、使文章表述更具说服力，同时它与文字、表格等一起构成文章的有机整体，使文章版面看起来生动清晰。但是在使用插图时应当要注意：

首先，插图是文章的一个组成部分，与文章中其他因素构成一个有机整体，因此应当与正文中相关内容紧密配合，而且具有"自明性"，切忌插图与文字、表格内容重复，造成不必要的累赘。图位应当出现在正文中，图幅根据内容调整到合适的大小，在能够清晰反映图的内容的前提下，还要合理布局，力求版面美观。

其次，设计插图时，每幅图都应当在正文中明确提及，完整的插图一般有图形、图序、图题、图注等。图序应当在文中标注或编号，如果文中只有一个插图，可以用"附图"或"图2-1"表示第二章第一图。图题应当放于图下方、居中，图序与图题间有一字空。图序与图题应当采用有别于正文的字体，一般使用比正文小一号的字体。图注也就是图例，用于解释图中的符号、标记等，力求文字简练易懂即可。

再次，插图使用要符合相关规范，图中的文字一般使用简体中文，出现外文字符应当采用大小正斜符合相关要求的印刷体。图中的线型、线距、坐标、术语、符号、单位等应当同文字表述所用一致。

引文 ／

任何研究活动都是在前人研究的基础上前进和发展的。因此，在进行研究的过程中，也应该广泛地阅读文献资料，参考已有的成果，只有这样才能减少不必要的重复劳动，取得有价值的成果和突破。但在参考或利用别人的观点、数据和材料时，应该尊重别人的劳动，凡是引用了他人的材料或研究成果，都必须加以说明，注明出处。否则，就是侵占他人的劳动成果，侵犯知识产权。加注释说明出处，同时也是为了让读者了解该领域的研究情况，为查阅有关资料提供了方便。如果论文既无注释，也无参考文献，那么就说明论文缺乏根基，可信度差。引文主要包括注释和参考文献。

注释

注释的类型

脚注、尾注和夹注是注释的三种类型。

脚注，是在论文的当前页面的下方用横线把正文与注释内容隔开，标注该页中出现的引文出处和需要解释、补充说明的内容的注释方式。也称页下注。

尾注，是在论文尾部集中列出所引用或所作注释内容的注释方式。尾注，一般排印在论文末参考文献前。

夹注，是夹在行文中的一种注释方式，往往在引文后直接加注说明出处。夹注有两种常用格式。一是用括号注明所引文献的作者、出版日期和页码等。另一种格式是在所引用文献处标出所引文献在文末的序号并用在括号内标出起止页码，起止页码前面要用p.。作夹注时，在文末仍然需要列出"参考文献"，把文中夹注的文献的全部信息列出。格式与参考文献相同。

注释的基本要求

注释是一项非常琐碎的细活儿，体现了作者治学的严谨程度，我们需要认真对待。注释的总体要求是内容齐全、准确无误；符合刊物规定，符合学术规范。

不同的文献载体作注释的格式要求不同。

①期刊论文的标注格式

连续出版物按"[序号]主要责任者.文献题名[J].刊名,年,卷（期）：引用页码."顺序排列。多作者的,作者与作者之间用逗号隔开（下同）。例如：

[1]洪松舟,卢正芝.提问：教师有效教学的基本能力[J].中国教育学刊,2008（02）：30-34.

②专著的标注格式

专注按"[序号]主要责任者.文献题名[M].出版地：出版者,出版年,引用页码."顺序排列。例如：

[1]刘树仁.小学教学论[M].北京：人民教育出版社,2003,169.

③文集的标注格式

文集按"[序号]主要责任者.文献题名[C].出版地：出版者,出版年,引用页码."顺序排列。例如：

[1]刘国正.叶圣陶教育文集[C].北京：人民教育出版社,1994,169.

④析出文献的标注格式

文集中的析出文献按"[序号]析出文献主要责任者.析出文献题名[A].原文献主要责任者.原文献题名[C].出版地：出版者,出版年.引用页码."顺序排列。例如：

[1]第斯多惠.德国教师教育指南[A].张焕庭.西方资产阶级教育论著选[C].北京：人民教育出版社,1964,129.

⑤报纸的标注格式

报纸文章按"[序号]主要责任者.文献题名[N].报纸名,出版日期（版次）."顺序排

列。其中,出版日期表示为:年—月—日顺序排列,年要四位数全,月日不足两位数的前加0补齐。例如:

[1]王坦.要注意研究掌握学习的局限性[N].中国教育报,1993—08—12.

⑥学位论文的标注格式

学位论文按[序号]主要责任者.文献题名[D].大学或学术机构所在地:大学或学术机构名称,作者入学年或毕业年届与学位名称与论文.引用页码."顺序排列。例如:

[1]张天宝.试论主体性教育[D].华中师范大学硕士学位论文打印稿.1996.

⑦国际、国家标准的标注格式

国际、国家标准按"[序号]标准编号,标准名称[S]."顺序排列。例如:

[1]GB/T16159—1996,汉语拼音正词法基本规则[S].

⑧各种未定义类型的文献的标注格式

文献按照:"[序号]主要责任者.文献题名[Z].出版地:出版者,出版年.引用页码."顺序排列。例如:

[1]卢乃桂.学校的改进:协作模式的"移植"与本土化[Z]."学校改进与伙伴协作"两岸三地研讨会,2006.6–3.

⑨专利的标注格式

专利按"[序号]专利所有者.专利名称[P].专利国别:专利号,出版日期."顺序排列。例如:

[1]余维初.高温高压岩心动态损害评价实验仪[P].中国专利:ZL200420047524.8,2005—03—02.

关于文献类型标识。在参考文献中要注意不同文献的类型及其标识,标识以用英文大写字母表示,并用方括号括起来,常见的有:[C]表示论文集、[M]表示专著、[J]表示期刊文章、[N]表示报纸文章、[D]表示学位论文、[A]表示析出文献(来自专著、论文集等)、[R]表示报告、[S]表示标准、[Z]表示未定义文集(资料、古籍、文件汇编等)。

电子文献标识用双字母表示： [DB]数据库、[CP]计算机程序、[EB]电子公告等，电子文献载体：磁带[MT] 磁盘[DK] 光盘[CD] 联机网络[OL]等，在表示时一般为：网上期刊 [J/OL]、联机网上数据库 [DB/OL]、光盘图书 [M/CD]。

关于文献类型标识具体可参阅GB 7714-87《文后参考文献著录规则》及《中国学术期刊(光盘版)检索与评价数据规范》的规定。

参考文献

参考文献是作者研究与思路的背景和依据的反映，为研究与写作提供了重要的基础。一篇论文的参考文献可以反映作者的专业化程度与研究水平，专业论文如果没有专业的参考文献，没有相关研究的代表性文献，我们基本上可以判断它的水平不高。有的作者认为论文没有参考文献，这样可以体现该论文的原创性，其实不然。一篇文章如果没有参考文献，说明作者没有认真学习与研究已有的他人研究，这样的研究是值得怀疑的。有的作者乱列参考文献，完全没有借鉴的参考文献，只是为了凑数随便添加，这样是不负责任的，对他人与自己。参考文献不仅反映作者的研究背景和水平，它还能使读者顺着参考文献进一步挖掘同类研究或相关研究的资料，为读者提供进一步阅读和研究的资料与线索。

在书写参考文献时我们应该注意：文后参考文献的著录项目要齐全；参考文献的排列顺序以正文中出现的先后顺序为准；序号左顶格，用阿拉伯数字加方括号标示；每一条的最后均以实心小圆点结束；如果参考文献没有在论文中得到直接或间接引用，只是在研究与写作过程中起到参考作用，只需要把起止页码去掉即可。

思考与实践

1.论文的类型有哪些？

2.简述论文的基本结构。

3.简述摘要的基本要求。

4.如何选择关键词？结合您的实践经验谈谈您的看法。

/ 撰写科研论文的基本步骤

/ 选题与拟题 /

选题是撰写科研论文的第一步，是确定研究论文写作的主攻方向的关键一步，也在一定程度上决定了研究结果。许多教师面临的教学科研困境是不知道研究什么，无法判断课题是否有研究的意义。其实，课题就在教学之中，课题就在生活的方方面面。教师教学科研的选题是非常丰富的，只是需要教师掌握教学科研选题的技能，立足教学的实践，不断发掘而已。

拟题即拟定标题，是在确定选题的基础上初步拟定论文的标题。标题能帮助读者抓住文章的主要内容和精神，好的标题可以一下子吸引读者，把读者吸引到文章内容的阅读上来。因此，在确定了论文写作的主攻方向之后，给论文拟定一个恰当的标题显得尤为重要。

无论是确定选题还是拟定标题，都是对研究人员综合能力的检验，它既反映了研究者的经验，也体现了研究者对研究内容的把握。

理解选题的本质 /

想要解决如何选题，就必须先理解课题的概念。课题是针对某一领域中具有普

遍意义的特定问题, 从研究方向所指示的问题之中确立的研究项目。[1]

这里要注意科研论文的课题和一般问题有什么区别, 或者说科研论文的课题有什么特性或特殊要求。对此, 可以从以下几个角度进行分析:

科研课题是专业性的问题

每一位教育工作者在教育教学实践过程中都会遇到许多问题, 如讲课前的备课、课堂上的提问、课后学生作业的批改、班主任管理工作的开展等。这些问题是遍布于教育教学的每个环节的。从教育工作者的角度看, 这些问题都是专业性问题。换句话说, 教师每天工作中遇到的教育、教学和管理问题, 都是专业性问题, 教育科研的研究对象是来源于教育教学实践的, 教育和科研是密不可分的。

科研课题是有价值的问题

课题的研究是有其目的性的, 它要追求某种价值的实现。科研的最终价值是取决于研究的课题本身的价值的。问题的价值主要有几类: 一是认识价值, 即问题本身蕴含着新现象, 可能潜藏着新联系, 有可能提出新原理或发现新规律; 二是实践价值, 即解决这个问题能推进工作, 有助于提高教育质量和效益; 三是工具价值, 即解决这个问题能促进研究者的发展, 或促进研究手段的改进, 研究方法的创新。

科研课题是需要探究的问题

科研课题不同于一般问题, 它是无法用我们生活中已有的知识直接解决的问题。教育工作具有很强的个性和艺术性, 不同的地域、不同的人研究过的同类问题, 因为条件的差异, 仍需要更加深入的探究。所以科研课题的研究根据其角度、深度、广度的不同, 具有各自的创新。这就需要教师结合当地当时的实际情况, 对所研究课题提出不同的见解, 丰富课题的内涵。

科研课题是能解决的问题

从问题解决角度看, 有已经解决的问题, 也有尚未解决而基本可以解决的问题,

[1] 孙菊如, 周新雅等.学校教育科研.北京大学出版社.2007.

还有当前不具备解决条件的问题乃至无法解决的问题。科研课题属于尚未解决而基本可以解决的问题。问题能否解决取决于人类这个群体的认识发展水平，和个人能力也有关系。个人专业水平越高，就越能有效解决专业问题。

了解选题的来源 ／

科研选题主要来源于教育实践和理论文献两大方面，更具体地说，可以从以下几个方面来寻找和发掘。

教育实践

从如何提高教育教学的质量上去发掘课题

每一位教育工作者都有自己的工作和职责，应当如何提高工作的质量，从而更好地完成本职工作呢？这就有许多课题值得我们去探求。如语文、外语教师可以研究如何提高学生的听说读写能力；数学教师可以研究培养学生逻辑思维能力；幼儿园教师可以研究如何培养幼儿良好的行为习惯；学校教育管理人员可以研究如何对学校的发展进行科学规划与管理等。从本职工作中去寻找课题加以研究，有利于提高教育工作的科学化程度。[1]

从工作中的困难与缺点中去发掘课题

教师每天和学生在一起工作生活，遇到许多现实的问题，这就是科研选题的重要来源之一。这样的科研选题从实践中来，最终也回到实践中去，帮助教师指导教育实践，改正工作中的缺点，克服工作中的困难。例如有一个初二的班主任，她在学习和研究教育心理学的时候，发现中学生产生消极情绪的原因多达50多种，其中因为受到老师批评产生消极情绪的占调查人数的五分之三，于是她从这个角度进一步探究，确定以此作为自己研究的课题。

在实际工作中，教师不可避免地要批评学生。这位班主任以"如何改进教师对学生批评方式方法，帮助学生克服消极情绪"为科研课题，通过一系列的调查和分析，

[1] 郑金洲，陶保平等.学校教育研究方法.教育科学出版社.2008

反思教师在批评学生时应该持有的态度，着重阐明在教育教学工作中，教师和学生互为主客体，教师应讲究批评的策略，善待学生，帮助学生克服消极情绪。

教师在批评学生不良行为的同时，应该适时地赞美学生，为学生营造一个快乐的学习氛围。良好的心情有助于提高学习效率，克服困难。教师在发现学生身上各自闪光点的同时，也培养了学生广泛的学习兴趣，扬长避短，引导学生走向美好的未来。

在这个课题的研究过程中，教师的教育观念发生了重大转变，所得到的研究结果直接指导班主任工作的实践，提高了班级管理水平，促进学生身心、师生关系的和谐发展。

从对某教育现象进行调查而形成课题

教师在实践中，若能对某些教育现象用心思考，深入探究，也会从中发现和形成很有价值的科研选题。如商品经济发展的浪潮对学校教育带来巨大的推动与冲击，广大教育工作者都感受强烈，但具体的情况如何呢？这就需要深入的调查，做出定性与定量相结合的分析研究，否则有的议论仅仅是泛泛而论，无法揭示其本质，更难以做出正确的教育对策，因此，进行这类审查是极其必要的，这也就形成一批价值颇丰的科研选题。

从新课程及学科教学改革实践中发现课题

在教师进行教学的过程中，在教学改革的实践中，存在着许多有研究价值的选题。教师需要做的就是留心这些从实践中发现的课题，进而运用先进的科研方法，解决教学工作中的实际问题。

例如初高中学生厌学的问题，已经是当前面临并亟待解决的大课题了。这个课题涉及教育改革的方方面面：国家当前的教育体制、课程设置、升学制度等；学校当前的教学内容、教学方法、管理方式等；家庭及社会对学生学习和生活的影响以及解决学生厌学的策略及具体方法等。这都是值得教育行政部门、学校教育科研方面的专家和教师深入研究的问题。

几位任课教师在教学实践中注意到了这个问题，于是，他们从学科教学的角度，做了大量的工作。他们通过对学生智商的测定和统计，发现智商高的学生未必学习成绩优秀，智商中等的学生学习成绩比前者不差，有的还明显超越前者。这个结果说明学习成绩的好坏与智商的高低不是成正比关系，非智力因素起着十分重要的作用。如兴趣、情感、意志品质对学生的学习有重要作用。于是，他们以"如何应用兴趣、情感、意志结合发展的原则，培养学生的学习能力"为科研选题，意在解决学生厌学的问题。他们认为，兴趣是学生学习最好的老师。并撰写了论文，取得了阶段性成果。[1]

这个例子说明，教师应该抓住在课堂教学中的主动权，主动配合教育改革的大环境，进行课堂教学改革。

理论文献

从教育基础理论的学习中发现课题

为了教育事业的发展，为了教育适应社会发展的需要，教育界常常会以某个专题为中心开展讨论，在讨论中，教师需要进一步学习教育学、心理学和现代教学论等教育基础理论，通过学习，提高理论水平，更新观念，教师也能从中发现值得深入研究的课题。

从各种文献资料中发掘课题

在各种理论文献、教育类报纸杂志、会议交流论文集、专题资料集、获奖论文集以及有关的课题指南等之中，都有教育科研的成果与动态的反映，认真阅读，可以从中发掘出研究课题，其中别人尚未注意到的问题，或是尚有争论的问题，或是虽有进展，但仍可作进一步研究的问题。如近十年来，我国在教育经济领域的研究成果累累，但阅读教育书刊、理论文献，仍可发现还有许多问题有待研究。如建立教育投资稳定来源和建立教育投资超前增长机制的研究，教育投资效益评估研究，学校内部结构工资改革中，物质与精神、报酬与奉献的研究等。

从合作课题中确定个人承担的子课题

社会发展到今天，许多教育科研课题需要合作完成。面对某些大课题，一个人是无

[1] 孙菊如，周新雅等.学校教育科研.北京大学出版社.2007.

法承担所有科研研究的，发挥团队精神合作解决才是最佳途径。团队可以是教研组、可以是年级组，也可以由几个志同道合的成员组成。还有一些由专家或行政领导部门确定的较为重大的科研课题，需要一线教师与教育专家、教育理论工作者协作进行研究。

以反其道而行之来开拓课题

当站在一个观点的反面，以走极端的形式来看问题时，常常会打开视野，产生许多有价值的研究课题。如当人们多在谈论教师如何教时，我们可以换个角度看学生如何学；当大家都在讨论如何实施素质教育时，我们可以反过来考虑学校教育中哪些方面是不属于素质教育的。

遵循选题的规律

在教育科研过程中，要解决的问题数不胜数，但并不是所有的问题都可以作为科研选题的。选题有主次、轻重之分，切实选择一个既有较高价值的，又适合自己的研究方向的，并能取得研究成果的选题并不容易。为了保证研究和论文写作的质量，教育科研选题的选择应该遵循以下一些基本规律。

选题必须有目的性

科学研究是一项目的性极强的活动。科研课题的选择首先必须有明确的目的。选择课题的目的应该来自教育的客观需要，也就是应从教育实际出发去解决教育中的理论或实际问题，促进教育的改革和发展。遵循目的性原则，选择课题应做到"四个结合，四个为主"，即个人的研究兴趣与社会和学校工作的客观需要相结合，以社会需要为主；基础研究与应用研究相结合，以应用研究为主；宏观研究与微观研究相结合，以微观研究为主；历史研究、超前预测研究与现实研究相结合，以现实研究为主。[1]

选题必须有科学性

科研课题的选择必须遵循教育及与之相联系的各种事物的客观规律，必须充分认识研究的客观条件。应该通过对教育的历史、现状的分析，对他人的研究成果和各

[1]　赵新云.教育科学研究方法.中国人民大学出版社.2009.

方面资料的收集、整理和分析，经过严密的科学论证等形成课题，切忌主观想象，盲目选题。应力求课题的研究能够促进教育科学向前推进。

选题必须有创新性

教育研究是探索未知的过程，是创新的过程。选择的课题应是前人未曾解决或尚未完全解决的问题。要从新问题、新事物、新理论、新思想、新经验、新方法、新设计中选题；要把握时代的脉搏，从热点上选题；要从独特的角度来看问题，在未开垦的处女地上进行挖掘。

创新并非要求所研究的一切都是独创的，全新的。选择一个别人未曾研究过的问题是创新；用与别人的研究方法不同的方法去研究同一个问题也是创新；将某个理论、某个方法应用到新的研究领域中去，这还是创新。

选题必须有可行性

选题必须建立在题目具有可操作性，有主客观条件作为支持，选题的可行性表现在以下几个方面：

选题要有价值和意义

科研选题论证时，首先要对选题的价值和意义做出考量。一方面要衡量选题有无价值和意义，另一方面要掂量价值和意义的大小轻重。

选题的内容要合适

选题的内容直接决定着研究内容，决定着研究的价值与意义。选题前后都要认真考虑选题内容是否合适的问题，即考虑研究内容是否新颖、是否独特、是否需要研究。

选题的大小要得当

选题太大或太小都不利于研究的展开，"小题大做"不好，"大题小做"不当。因此，选择大小适中的题目进行研究是最好的。

选题的现状要熟知

如果选题已经被很多人研究过，就要分析这些研究涉及哪些方面的内容，是怎么研究的，已有研究有哪些优点和不足，自己的研究与已有研究之间是什么关系，在哪些方面是可以有所推进、有所发展的，在哪些方面是前人所没有涉及的，在哪些方面是原创的。

选题的研究条件要具备

研究条件包括研究者本身的主观条件和研究所需要的客观条件。主观条件包括研究水平、研究能力、研究手段等。客观条件包括资金的支持、研究资料是否足够、研究时间是否充裕、是否有良好的研究团队、是否有管理部门或行政领导的支持等。

掌握选题的方法 ╱

在教育教学过程中选题的来源十分丰富，但真正确定一个好的选题并非易事，这需要研究者具有相当的知识水平、分析能力和敏锐的洞察力，必须善于发现和选择课题，下面介绍几种常用的选题方法。

问题筛选法

在实际教育教学活动中，我们常常遇到或者提出大量问题，通过对这些问题进行归类整理，再分析其重要程度和研究这些问题意义的大小，确定其研究价值，并广泛听取意见，从中选取价值明显且适合自己研究水平和能力的问题作为课题。

经验提炼法

长期从事教育教学工作的老教师一般在自己的实践中都摸索了不少经验。如何把经验总结出来，把经验上升到理论的高度，其中必然要回答一系列的问题，这样一个个研究的课题就出现了。

资料寻疑法

通过对有关资料的分析，比较不同观点，诘问前人的结论，揭示理论与实践的差异等，从中产生研究课题。例如查阅前人解读的孔子教育思想时，对前人的解读提出疑问，再根据对史实的考证分析，重新解读孔子的教育思想。再如在比较不同人的观点之后,对孔子美德教育思想提出新的现实意义。

现状分析法

通过对教育现状的分析,发现或揭露教育中存在的问题,从而选择适当的课题。例如为落实教育规划纲要,深化教师教育改革,规范和引导教师教育课程与教学,培养造就高素质专业化教师队伍,2011年教育部制定了《教师教育课程标准(试行)》(以下简称为《标准》)。在《标准》背景下,我们通过对教师教育课程设置的现状进行分析,得出《关于中小学教师课程培训的思考》这一选题。

意向转化法

教育工作者有时可能突然对教育的某一问题萌发一种探索的意向,这种意向实际上是一定的教育实践或理论信息在思维中积累的反映。[1]这种意向如不能及时抓住的话,则可能稍纵即逝,如果紧紧抓住,则可能产生一个研究的课题。当这种意向出现时,应对它作进一步的思考,使得问题逐渐清晰起来;同时对有关问题的具体情况作进一步的调查,查阅相应的文献资料,分析其研究价值和承受能力及其他客观条件,从而形成正式的课题。

拟定标题的要求 /

标题是对论文中心论点的表达,是文章的眼睛。它具有概括论文中心思想和吸引读者等功能。拟定标题是教师在论文写作中十分重要的一环,它在一定程度上体现了论文写作的方向和价值。

标题要准确

首先应保证标题与内容相符,也就是说,标题要能准确地反映论文所研究探讨的内容。有的标题可能明确地点明自己的观点,如《质疑——探究式学习的关键》、《反思教学——教师专业化成长的关键》、《新课程改革需要多元角色的思品教师》,这些

63

---

[1] 赵新云.教育科学研究方法.中国人民大学出版社.2009.

标题大家一看就明白了作者的观点；有的标题点明自己要研究的问题和内容，如《小组学习中存在的问题及改进措施》；还有的标题用比喻的方法表述，以达到吸引读者的目的，如《在课改舞台上唱"心"戏》；还有的用问题的形式，如《如何建立平等和谐的师生关系》等等。无论采用哪种命题方式，标题一定要能准确地概括文章的主题或研究的主要内容。

标题要简洁

简洁就是简练、干净、高度概括。简洁明了的标题，使人看了一目了然，马上知道作者所要阐述的问题。如果标题太长或拗口，读者看了会有一种腻烦心理，削弱阅读的兴趣。如《"任务驱动"模式下"教师主导，学生主体"教学思想的实现》，这个标题就太长了。一般标题不应超过25个字，如果自己觉得字数少交代不清，应用副标题加以限制说明。即使标题不长，可有可无的字也一定要舍掉，如《思想政治课应如何激发学生的学习兴趣》，这里"应"字要删掉。

标题要新颖

新颖应包含两层意思，其一是指随着教育的发展，注意捕捉他人未发现的问题，总结他人未总结过的经验。尽量做到人无我有，人有我新。其二是指在大家讨论的原有问题之外，提出新的问题，或选择新的角度，或有新的立意。如大家常写的兴趣培养问题，有的老师就从另一个角度去写，即《以课堂教学为主阵地，抑制学生英语焦虑》，使读者看到这个标题就有一种阅读文章的愿望。

标题要具体

论文的标题一般不宜过大，对于中小学教师来说，大的标题不容易集中论述，致使论文内容显得肤浅、空泛，没有一定的深度和广度。尤其初写论文的老师，更应选择一些小的问题，以自己的教学实践为基础，使论文的论点更明确，内容更集中，论述更深刻。如《走出合作交流的误区》、《班主任工作的法宝——沟通》。

总之，论文的标题往往是对文章内容的高度概括，是文章精髓的集中体现。因此，写论文之前一定要反复斟酌。拟定论文标题时要注意从小处着手，力求做到以最准确、最简洁的语言阐述自己的新观点，总结自己的新经验。

/ 资料与提纲 /

资料，即可供参考作为根据的材料。论文写作中的资料，是指选题领域内有价值的文献、数据和事实的总和，它为论文写作提供了内容保证。

提纲，是一种概括地叙述纲目、要点的公文。它不需要把全文的所有内容写出来，只把那些主要内容提纲挈领式地写出来。论文提纲是作者构思谋篇的具体体现，对论文的总体布局进行设计、安排，是科研论文的写作设计蓝图。

资料的收集和提纲的编制都是论文撰写初稿前的必要准备，是论文写作中必不可少的重要环节。

收集资料的原则 /

收集资料，是对文献的查阅和记录；是通过文献检索查阅选题研究领域内已有的成果；是通过实验、调查、观察收集与选题相关的当前的研究数据和事实；是为撰写论文积累素材选定视角；是论文写作重要的前提准备。在收集资料时，要注意掌握以下原则。

计划性原则

在开展研究工作前，要对资料收集做到心中有数，有计划按部就班地开展。资料收集的计划一般包括资料种类及起止时间、经费预算、采购标准、完成计划的保障措施等方面。

针对性原则

收集资料，进而利用资料，必须根据研究的性质、任务，有针对性地拟定收集的范围和重点。包括了解选题的历史、现状、趋向及国内外研究的进展情况。

系统性原则

根据选题研究需要，按照横向和纵向两个系统收集资料。横向的系统按文献的类型收集；纵向的系统按学科、专业、专题收集。资料的收集，应力求系统、连贯和完整。

预见性原则

资料的收集，既要保证当前研究的需要，又要考虑长远研究的需要。意在当下，着眼未来，尤其要注意选题研究领域目前的水平，出现的新动向和新趋势。

策略性原则

收集资料时，要掌握文献信息源分布的规律。要选择信息密度大、新资料多的文献信息源。如重点关注选题研究领域的核心期刊。

持久性原则

资料不要因为某篇论文、某本专著的完成就停止收集，应该继续关注该研究领域未来的发展趋势。[1]这样既可以了解自己已有的研究成果带来的反应，也为以后进一步的研究做好准备。

收集资料的途径 ／

收集资料的途径多种多样，我们既可以根据选题需要，集中收集资料，也可以在教育教学过程中发现资料。对资料的收集大体上可以分成两类，即对已有文献的检索和对新资料的搜集。

已有文献的检索

对已有文献的检索，包括对书目、索引、文摘、教育辞书和百科全书、教育年鉴等的检索，以及利用计算机网络进行网络文献检索。

---

[1] 温忠麟.教育研究方法基础.高等教育出版社.2009(2).

书目

书目就是将各种图书按内容或学科分类所编的目录。它注明书籍的名称、主要责任者、出版社、出版日期、版次等信息。书目不仅可以帮助研究者选购、检索图书，而且可以作为指点读书的门径。[1]通过查阅书目可以检索出某一时期的教育书籍状况，如要检索中国古代的教育书籍，可以通过查阅《中国丛书综录》（上海古籍出版社1982年版）、《中国古籍善本书目》（上海古籍出版社1986年起陆续出版）、《四库未收书辑刊》（北京出版社1998-1999版）、《艺文志二十种综合引得》（中华书局1960年版）、《四库全书总目》（清朝纪昀编）、《汉书·艺文志》、《隋书·经籍志》等。

目录索引

目录索引一般将图书或报刊中的内容或题目摘录下来，分类编成简要概括的条目，并注明该图书或报刊文摘的题目、主要责任者、出版时间、页码等信息，按一定次序排列起来，便于人们查阅。目录索引是一种指示寻找资料的途径或线索的工具书。目前可供教育科学研究者使用的目录索引主要有：(1) 大量期刊每年最末一期刊登的全年目录索引。(2) 有关情报资料部门编撰的综合性或专业性目录，例如中国人民大学书报资料中心的《报刊资料索引》系列刊，该索引是按月度或年度编排的大型检索工具书，将本年度内复印报刊资料专题系列各刊每期选印文献的目录与没有选印的题录集中按专题和学科体系分类编排。(3) 各大图书馆、资料室为配合形势或科研需要而围绕某一专题或某一普遍关注的问题，特别是热门问题而专门编制的目录索引。

文摘

文摘是文章或图书的内容摘要，是将文献的主要观点、结论和中心内容摘录出来，按一定方式编排而成的检索工具书。文摘摘录的内容一般是篇名、作者、刊登的文献名、期数、页码及内容提要等。其特点是扼要地摘写文章的论点提要、重要材料，记录科研成果，反映学术动态，积累有关资料，可简明地掌握某一问题研究的历史、现状和动向。人们借助文摘可获得学术信息，简要地了解文献内容，有目的地选择所需

---

[1]　李冲锋.教师教学科研指南.华东师范大学出版社.2009.

的一次文献，从而提高检索和使用文献的效率。目前，我国公开出版的文摘已有100多种，如《教育文摘》、《高教文摘》、《国内外教育文摘》以及中国人民大学书报资料中心的《文摘卡片》等对教育教学研究都有重要的参考价值。

教育辞书和百科全书

教育辞书和百科全书虽然都不是为了检索文献的目的而编写的，不是严格意义上的检索工具，但由于它们具有较好的资料性、概括性和检索性的特点，也是检索文献的一个重要渠道。教育辞书主要是提供教育科学名词术语的资料，规范、精确、准确，以条目形式出现。辞书，有一定格式，第一句是破题，后面是基本论点。百科全书则是对人类一切门类或某一门类知识的完备概述。不仅提供定义，而且有原理、方法、历史和现状、统计和书目等多方面的资料，着重反映当代学术的最新成就。

教育年鉴

与教育辞书和百科全书一样，教育年鉴也是一种广义的检索工具。年鉴是系统汇集一年内重要事件、学科进展与各项统计资料的工具书。它以记事为主，内容通常包括：专论或综述，统计资料和附录。其中专题论述是年鉴的主体。由于年鉴内容完备，项目齐全，记载翔实，查找方便，所以它是了解新情况，研究新问题，积累资料，撰写历史的信息密集型工具书。年鉴按年编辑出版积累起来就是一部编年体的历史，具有重要的参考价值。

网络文献检索

在当今这个信息社会，网络已经与我们的生活密不可分，成为一个时代的符号。网络文献检索以其检索范围广、检索适应性强以及快捷高效等特点被广泛地应用在文献检索工作中，成为文献检索的发展方向。常用的网络文献检索方式有：利用网络搜索引擎搜集教育信息，利用教育网站获得教育信息，利用网上教育文献数据库进行文献搜索，利用网上图书馆查阅教育文献等。

新资料的搜集

对新资料的搜集体现在教育教学工作的方方面面。如果你是个在工作生活中，注意留心多多思考的人，那么论文选题相关资料的收集，就会变得异常轻松。

从教学工作中搜集

教师的教学科研主要结合自己的教学实践来展开，因此从教学实践工作中积累研究资料是必不可少的。教师一定要养成从教学实践中搜集资料、积累资料的习惯。教学工作中的资料既是研究课题的来源，也是研究中重要的资料支撑。

从听课、评课中搜集

听课、评课是教研活动中不可缺少的活动。在听评同事同行的教学中，教师既是观察者，又是在场者，甚至是参与者，教师以特殊的身份，进入与自己的教学不一样的教学现场。特殊的角色，特殊的任务，特殊的教学场景，往往能提供新鲜的观察机会，引发新的思考。教师应抓住这样的机会，进行仔细的观察、细致的记录，进而展开反思与研究。这些来自亲身经历与体验的教学资料也是很宝贵的。

从日常观察中搜集

观察是搜集资料的基本方式。教师要做有心人，要惯于观察、善于观察。通过观察，教师会发现教育教学中存在的许多现象、许多矛盾；通过观察，教师会发现学生身上的优缺点，发现他们的细微变化；通过观察，教师会发现教育教学中的惊奇。拥有一双善于观察的眼睛，就拥有了发掘科研资料的有力工具，就可以不断发掘出有价值的研究资料。

从教学试验中搜集

有些学校、有些教师进行教育教学改革试验。在实验中存在大量的实验资料，对实验前后的资料和实验过程中的资料都要注意收集。实验过程中的资料一定要及时记录，记录时注意尽量详尽，包括成功的与失败的资料，无论是成功的还是失败的资料都是有研究价值的。实验中的资料具有独特性，是非常宝贵的。

从读书看报中搜集

阅读是获取教学科研资料的重要途径。从阅读中搜集资料，要注意及时贮存好资料。阅读中资料贮存的方式有如下几种：一是做摘抄，二是写读书笔记，三是做剪报。

从相关会议中搜集

参加专业学术会议或教学研讨会也是搜集资料的一种渠道。参加学术会议或教学研讨会，常可以从中获得许多在报刊文献中得不到的信息。会议往往具有一定的专题或议题，汇集了这方面有影响的教师或专家学者的最新研究成果，反映了专业或教学方面的新进展。

加强资料的审核

在资料收集时，已经对资料进行过选择，但这种选择往往还是比较粗糙的，还不够细致与准确。还需要在选择的基础上对资料进行仔细的审核。[1]其中包括对资料的真实性、准确性、完整性、权威性以及适用性几个方面的认真审核。

审核资料的真实性

真实性是审核资料最重要的一环。对于研究对象所提供的资料，要审核其真实性；对于他人的研究成果资料，也要审核其真实性。一旦发现不真实的资料，必须马上将其舍弃，不能作为支撑科研论文的依据。

审核资料的准确性

教学科研的资料必须准确无误，不能含糊，不能有歧义。资料不准确不仅会导致研究结果出现偏差，更会以讹传讹，造成不良影响。例如在研究小学教师男女比例问题时，一旦收集的数据出现错误，那就很可能导致下一步与小学教师性别相关的其他研究出现偏差，甚至出现错误的研究结果。

审核资料的完整性

收集资料的时候，应当查看资料的数据和信息是否齐全。所收集的资料应尽量保证其全面性，避免遗漏。例如在审核资料时，发现有些资料没有标明参考文献，这既是教育科学研究过程的不严谨，更是对原资料作者的不尊重。同时，当这些资料再

---

[1] 李冲锋.教师教学科研指南.华东师范大学出版社.2009.

次被使用时，原出处变得难以考证。

审核资料的权威性

审核资料的权威性就是要追求资料的品质。一方面最好是选择名人名家的、权威专家的、有代表性、典型的资料；另一方面要注意选择那些好的版本，包括权威出版社的版本、名家注本、好的译本等。

审核资料的适用性

资料是否适用，就是要看收集的资料对选题研究是否有价值、对本研究起多大作用。要选择选题研究范围内的资料，及时去除没有使用价值或价值小的资料，避免资料过于庞杂，影响作者的注意力，干扰你对其他资料的使用。

编制提纲的重要性 ╱

编制提纲有利于作者有条理地安排材料、展开论证。有了一个好的提纲，就能纲举目张，提纲挈领，掌握全篇论文的基本骨架，使论文的结构完整统一；就能分清层次，明确重点，周密地谋篇布局，使总论点和分论点有机地统一起来；也就能够按照各部分的要求安排、组织、利用资料，决定取舍，最大限度地发挥资料的作用。因此，教师在撰写科研论文时，一定要重视提纲的编制。

体现作者的总体思路

提纲是由序码和文字组成的一种逻辑图表，是帮助作者考虑文章全篇逻辑构成的写作设计图。其优点在于，使作者易于掌握论文结构的全局，层次清楚，重点明确，简明扼要，一目了然。

有利于论文前后呼应

有一个提纲，可以帮助我们树立全局观念，从整体出发，在检验每一个部分所占的地位、所起的作用，相互间是否有逻辑联系，每部分所占的篇幅与其在全局中的地位和作用是否相称，各个部分之间的比例是否恰当和谐，每一字、每一句、每一段、每一部分是否都为全局所需要，是否都丝丝入扣、相互配合，成为整体的有机组成部分，都能为展开论题服务。经过这样的考虑和编写，论文的结构才能统一而完整，很好地为表达论文的内容服务。

有利于及时调整，避免大返工

在科研论文的写作过程中，作者的思维活动是非常活跃的，一些不起眼的材料，从表面看来不相关的材料，经过熟悉和深思，常常会产生新的联想或新的观点，如果不认真编写提纲，动起笔来就会被这种现象所干扰，不得不停下笔来重新思考，甚至推翻已写的从头再来；这样，不仅增加了工作量，也会极大地影响写作情绪。因此，在论文动笔之前，把提纲考虑得周到严谨，多花点时间和力气，搞得扎实一些，就能形成一个层次清楚、逻辑严密的整体框架，从而避免论文后期工作中的许多不必要返工。

编制提纲的要求 /

在动手撰写科研论文之前编制好提纲，写起来就会顺畅很多。那么如何落笔编制论文提纲呢？首先，要掌握编制论文提纲的要求。

统筹全局

在着手写作论文前，首先要有全局观念，从整体出发去检查每一部分在论文中所占的地位和作用。看看各部分的比例分配是否恰当，篇幅的长短是否合适，每一部分能否为中心论点服务。

资料取舍

从中心论点出发，决定材料的取舍，把与主题无关或关系不大的材料毫不可惜地舍弃，尽管这些材料是煞费苦心费了不少劳动搜集来的。有所失，才能有所得。所以，我们必须时刻牢记材料只是为形成自己论文的论点服务的，离开了这一点，无论多么好的材料都必须舍得抛弃。

逻辑严密

要考虑各部分之间的逻辑关系。初学撰写论文的人常犯的毛病，是论点和论据没有必然联系，有的只限于反复阐述论点，而缺乏切实有力的论据；有的材料一大堆，论点不明确；有的各部分之间没有形成有机的逻辑关系，这样的论文都是不合乎要求的，这样的论文是没有说服力的。为了有说服力，必须有虚有实，有论点有例证，理论和实际相结合，论证过程有严密的逻辑性，拟提纲时特别要注意这一点，检查这一点。

控制篇幅

要安排好论文的篇幅。评价一篇论文的质量高低并不是看字数的多少，而是根据论文的科学性、学术性、理论与应用价值等。因此，论文的篇幅应该根据题目的大小，掌握资料的多少而定。提纲应当有计划地安排好论文的篇幅，要避免东拉西扯，离题太远，也要避免文章内容没展开，观点论述不够全面。

编制提纲的基本步骤 ╱

掌握了编制论文提纲的要求之后，就可以开始编写论文提纲了。正式下笔编写提纲时，可大致分为以下四个基本步骤：

确定论文提要，再加入材料，形成全文的概要

论文提要是内容提纲的雏形。一般的书都有反映全书内容的提要，以便读者一翻提要就知道书的大概内容。我们写论文也需要先写出论文提要。在执笔前把论文的题目和大标题、小标题列出来，再把选用的材料插进去，就形成了论文内容的提要。

考虑论文的篇幅和内容分布

写好论文的提要之后，首先，要根据论文的内容考虑篇幅的长短。例如中小学

教师在期刊上发表科研论文时，通常是发一个版面，一个版面的字数大约在2200—2800字之间，不过字数不是绝对的，取决于所发表期刊的具体要求。然后，要考虑文章的各个部分，每个部分要写多少字。绪论用多少字叙述，本论用多少字叙述，结论用多少字叙述。接着，把本论部分再进行更细致的分配，以便于资料的配备和安排，让论文的写作更有计划。

编写提纲

论文提纲可分为简单提纲和详细提纲两种。简单提纲是高度概括的，只提示论文的要点，如何展开则不涉及。详细提纲除了列出论文各部分的标题外，还在每一个标题下较为详细地写出所要阐述内容的要点。

针对不同种类的提纲，大体上有两种写法，即标题式写法和句子式写法。标题式写法，是用简要的文字写成标题，把这部分的内容概括出来。这种写法一目了然，但只有作者自己明白。句子式写法，是以一个能表达完整意思的句子形式把该部分内容概括出来。这种写法具体而明确，别人看了也能理解，但费时费力。

修改提纲

提纲写好后，还有一项很重要的工作不可疏忽，这就是提纲的修改，提纲的修改要把握如下几点：一是推敲题目是否恰当，是否合适；二是推敲提纲的结构。先围绕所要阐述的中心论点或者说明的主要议题，检查划分的部分、层次和段落是否可以充分说明问题，是否合乎道理；各层次、段落之间的联系是否紧密，过渡是否自然。然后再进行客观总体布局的检查，再对每一层次中的论述秩序进行"微调"。

/ 撰写初稿 /

初稿就是将要表达的思想、观点、成果具体落实到纸上，见诸文字。撰写初稿是科研论文写作的核心。在撰写初稿的过程中，必须牢记文章主题，紧扣写作提纲，把握各层次之间的内在逻辑关系。

撰写初稿的方式 ╱

撰写初稿是科研论文写作的主体部分。在收集充分的资料、巧妙的构思和编制完整的提纲的基础上，便可以按论文的格式和写作要求，去完成撰写初稿的任务。撰写初稿的方式有很多种，既可以按照自然顺序撰写论文初稿；也可以把论文分成若干部分，再一部分一部分地写；也可以一起研究多个选题，同时撰写好几篇论文，或齐头并进，或此起彼伏。总之，撰写初稿的方式灵活多变，不要拘泥于一处。

循序渐进式

这种方式是按自然顺序来写的，即从前置部分写起，然后再写主体部分，最后写附录部分。这个顺序与人们思考时，先提出问题，再分析问题，最后解决问题相吻合。循序渐进式的写法符合人类自然思维习惯，写起来容易把握，有条不紊。但其缺点是容易在某个部分停滞不前。

化整为零式

如果遇到一个题目较大、内容较多、篇幅较长的文章，按照顺序一下子写完是比较困难的。我们可以用化整为零的方式，一部分一部分分开来写。先将全文分为内容相对独立且完整的几个部分，根据各个部分设置的小标题，步步为营，一部分一部分地向前推进。各个部分写完之后，再从整体上进行调整。这样写的好处是，每一个部分相对较小，便于驾驭。只要每一个部分都严格按照提纲的要求写作，组合起来以后并不需要大修大改。

交叉执笔式

交叉执笔的方式，适用于一个人同时有多个选题。即根据作者的创造性思维活动的展开来写，哪一个选题思考成熟了，就先写哪一个。把每一个选题逐点逐段地写，几篇科研论文渐次推进。要在每一篇文章的成型过程中，关注前后的关系，做到逻辑严密, 行文流畅。

撰写初稿的基本要求 ∕

撰写论文初稿时, 应该时刻保持一个清醒的头脑, 牢牢把握住既定方向, 这样才能顺风顺水, 为早日通达科学研究胜利的彼岸奠定基础。

标题与文章保持一致

标题与文章保持一致, 是指不能大题小做, 亦不能小题大做。标题涉及面太宽, 而论文内容狭窄, 这就是大题小做; 反过来, 标题不能涵盖论文的主要内容, 这就是小题大做。

"大题小做"的情况比较多。如有一篇论文, 写的是对义务教育阶段考试命题的改进意见。标题是"对义务教育阶段考试改革的思考"。"考试改革"包括很多方面内容, 如考试制度、考试结果的表述、考试形式等, 考试命题只是其中一个子项目。因此, 这个标题应该改成"对义务教育阶段考试命题的思考"。

另一篇论文内容写的是对小学语文教材问题提出的一些看法, 题目却定为"对小学语文教材课程改革的建议", 论文的内容根本没有涉及到"课程"问题, 所以"课程"二字应该删去。而且对教材的具体意见, 也谈不上"改革"。出现"大题小做"可能跟缺乏写作训练有关, 也可能是一种好高骛远、不务实的心态使然, 应当纠正。再如, 有一篇论文, 标题叫作"标点符号训练与素质教育", 诚然, 学会运用标点符号也是语文素质中的一小块领地, 论文举出的例句也含有思想认识的内容, 但实在没有必要打出素质教育的旗号。生搬硬套的结果, 只能让人觉得牵强附会。

论文内容力求创新

创新是体现科研论文成果价值的重要标志。换句话说, 科学研究就是要不断开拓新的领域, 新的途径, 有所发现, 有所创新, 从而推动科学文化的不断发展。因此, 作为反映科研成果的论文, 也必须有新颖性和创造性, 提出新的思想、新的理论、新的见解，有独创性。而在事实上，有些文章重复别人已经谈过的东西，没有个人见解，没有什么新角度、新材料。造成这种情况的原因，可能是由于作者不注意阅读文献资料，不了解别人的成果；也可能是由于作者对问题缺乏钻研精神，没有提出自己的见解。

有人认为，创新不是一件简单的事，特别是对于刚刚涉足科研的人来说，更是难上加难。虽然这种看法没错，但是，如果因此不去追求创新，那就大错特错了。其实，创新是可以从小处入手的。比如说，自己设计的课堂教具算不算创新？以新的视角讨论老问题算不算创新？都应该算。这样理解创新的话，所有教育工作者都有资格和能力走入创新的行列中来。

格式规范，行文流畅

格式规范是指研究成果的表述应该符合相应种类论文的规范要求。格式的规范看起来似乎是一个表面的问题，但它反映了严谨的科研态度，是相当重要的问题。

行文流畅是衡量文章可读性的重要指标。首先要做到语法正确，语句通顺。其次要求全文的整体性，给人一气呵成的感觉。最后强调文风的简约。初涉科研领域的人经常出现的一个问题就是刻意追求辞藻的华丽，这不是科学研究所提倡的。对于科学研究而言，最重要的是通过简约的文字表达出深刻的、有创见的内容。

撰写初稿的基本过程 ╱

由于研究内容不一样，研究者的写作水平、习惯也不一样，因此，论文写作的过程因人而异。然而，我们可以从具体抽象出一般，从不同的写作过程抽象出一个基本过程。我们把科研论文的写作过程，分为绪论、本论、结论三个部分。

绪论，要一目了然，吸引眼球

绪论是论文的开头，这一部分文字不宜过多。要提出问题并交代问题提出的背景，以衬托问题的重要性；要说明研究课题的价值、意义，有助于读者领会其学术观点；要简述论文是为解决什么问题而写的，以使读者作为选读的依据；要说明研究范围、特点，概括本论的精髓，以利于读者在读正文前就对论文的中心有所了解。[1]虽然，这几个方面不需要面面俱到，但应具备上面的精神内涵。

1."开门见山"点出论题的绪论。"单刀直入"式的绪论，直接把论文的中心议题点给读者，简明扼要，切中肯綮。

2.引用材料引出论题的绪论。从侧面引出式的绪论，用事实引出所研究问题的重要性。

3.介绍情况、交代背景的绪论。结合当时背景当地情况的绪论，用背景和情况道出所研究问题的现实状况。

4.阐释要点，概括全文的绪论。概括全文内涵，整合全文要点的绪论，用总结式的语句说出研究问题的要点。

本论，要充分展开，合乎逻辑

本论是正文，是科研论文的核心、关键与要害。许多内容如摘要、关键词、注释、参考文献等都是由正文决定，并围绕正文展开的。论文质量的高低体现了作者的研究水平，甚至在一定程度上影响到整个研究的质量。因此，正文的写作是论文成败的关键。正文的写作涉及到很多内容，最重要的有如下几个方面：

写作的结构

(1) 并列式，指各个分论点(论据)间的关系是并列的，即围绕一个中心把几个有关的分论点(论据)分类排列，逐一论述。

(2) 综合式，以"递进式"为主，在论述过程中又局部采用"并列式"；或以"并列式"为主，局部采用"递进式"。论文中往往是"递进"与"并列"交叉进行、多重结合的。

(3) 总分式，先提出中心论点，然后运用不同的论据从几个方面或确立几个分论点来加以论证。

78

---

[1] 孙菊如，周新雅等.学校教育科研.北京大学出版社.2007.

处理好逻辑关系

(1) 要使中心论点统率好分论点，分论点紧紧围绕中心论点。中心论点是论述的中心，是科研论文中居统帅地位的观点，分论点是从不同的角度、不同的层次支持、证明中心论点的观点。相对于中心论点而言，它们又可被看作是论据。为了阐明中心论点，写作中常常将中心论点分解成几个受它支配、为它服务的分论点。因此，必须围绕中心论点，组织好分论点。分论点本身要求观点鲜明，几个分论点之间应逻辑严密。

(2) 要处理对"分述"和"总述"的关系。既要有分述，又要有总述。分述有利于化整为零，对问题的各个局部做透彻的分析；总述有利于化零为整，从整体上把握对象。分述是总述必不可少的前提和基础，总述则是分述"水到渠成"的总结和概括。

(3) 要遵循"论点显明"原则。在显著地方提出自己的论点，展示自己富于新意和富于创造性的教育、教学研究成果。而不应将这些闪光点淹没在琐碎的论述和材料之中。

同时，要充分运用段落中心句显示段旨。段的中心意思就是段旨，全段是围绕着这个段旨展开的，又是为了阐述这个段旨服务的。段落中心句通常放在段首。作者把握它，可以避免段的不统一和段中的观点发生变化，也便以它为中心展开论述。读者也能从段落中心句里领会本段中心，把握本段要点。

(4) 要以严密的逻辑性把推论出科学结论作为最终目的。论证层次要有严密的逻辑性。论点和论据的联系，论述的先后次序，文章的层层推理，这些都要根据事物的内在规律并考虑论证的力度来组织安排。要做到纲举目张，环环相扣，使观点和材料有机地、富有逻辑效果地统一起来。

注重分析和论证

(1) 要有分析论证的框架。分析论证的理论框架，即对所研究课题进行分析的完整的结构体系，这个结构体系应尽可能严密完备地涵盖研究对象的主次各个方面。分析论证的框架有内在框架与外在框架之分：内在框架是分析论证的方法论体系，外在框架往往是论文的结构安排。论证时以某种结构框架对研究对象展开分析与论述,可以使所研究内容形成体系,从而提升论文的系统性与完整性,体现出理论的细密与严整。

(2) 要加强细密的分析和严密的论证。要把教学实践与教学科研的成果上升到理论层面,必须通过逻辑分析、提炼和概括。为此要利用教学经验和研究材料进行严密的论证。论证须从两个方面进行,一是说理,即阐释"为什么"的道理,把道理阐释清楚,阐述透彻;二是用事例经验论证,以具体的事实来证明理论假设和逻辑推理的正确性和科学性。为提升论文的理论性,必须在科学认识的基础上,加强分析、概括、归纳、演绎、类比等逻辑论证。论文缺乏理论性很大程度上是因为缺乏这些方面的逻辑论证,往往是事实加事实的罗列,材料加观点的列举,观点加例子的简单例证。分析不缜密、不周全,论证不严密、不充分,都会导致漏洞的出现,都会影响论文的理论水平。只有加强理论分析,深刻揭示事物之间的关系,透过现象分析本质,揭示事物的规律和本质,才能提高论文的理论水平。

结论,要概括准确,措辞严谨

结论是科研论文收尾部分,是整个研究过程的结晶。这一部分应在本论部分立论和论证的基础上,水到渠成的引出。

(1) 结论应与本论部分的立论相一致。它是立论在得到证明之后的自然归宿,是从本论的基础上得出的。两者之间应当有紧密的内在联系,而不应脱节。

(2) 结语是对本论部分的主要学术观点作科学的概括。

(3) 结论的写作,要措辞严谨,逻辑严密,文字具体。

结论部分是在本论部分论述的基础上进一步的概括和提高,更集中地显示了作者的独特见解。

应当说明的是,我们不能把写论文看作是把文字代入一成不变的公式。科研论文的写法应该根据内容的需要,只要能通过富有逻辑的论证,阐明学术观点及其创新见解,就不失为一篇好的论文。

/ 论文修改 /

科研论文写成之后，还需要进行认真细致的修改。论文的修改是提升论文质量的重要方式，是科研成果写作中不可缺少的一环，因此，要掌握论文修改的内容、策略、方式等。

论文修改的内容 ╱

论文修改可从两方面着手：一是思想内容，包括论文的论点和材料；二是表现形式，涉及论文的结构和语言。论文修改要有全局观念，先整体，后局部；先大处，后小处；先观点，后材料；先内容，后形式。可大致分为以下六个部分内容。

控制篇幅

篇幅是论文的空间限定。一般教育学科学士论文要求10000字左右；硕士论文30000字左右；博士论文80000字左右。中小学教师在期刊杂志上发表科研论文时，论文的篇幅应该根据题目的大小，掌握资料的多少而定。通常一个版面的字数大约在2200~2800字之间，字数比较多的论文需要占用两个或两个以上版面，还需要考虑所发表期刊给出的具体要求。

有了论文字数的规定，论文的修改，论文的结构安排就有一个参照的标准。通常文章以明确、简短为好。初稿内容常常比较繁杂，需要在修改时将多余的内容删去，将水分挤干，把论文的篇幅控制在论文性质和期刊要求之内。

修正论点

论点是研究论文的核心，决定着论文的水平和价值。一篇好的研究论文要求论点明确、严谨，做到纲举目张。因此修改论文要从审定中心论点入手，看论点是否成立，是否集中深刻，是否得到验证，表达是否准确，论点的排列是否科学，论点之间的关系是否合乎事理，合乎逻辑。论点错误的要修正，论点片面的要补充，论点模糊的要澄清，论点芜杂的要删减，论点肤浅的要深化，论点陈旧的要更新。[1]

调整结构

论文结构是内容的组织框架，是作者研究思路的表现形式。修改论文的结构就是对论文的"顺序"进行调整，看全文结构是否完整，论文各要素是否齐备，论证层次展开是否清楚，各部分的过渡、衔接是否合理、自然等。如果全篇结构欠妥，则需要进行相应的调整和修改。

增删材料

材料是论点得以成立的基础。研究论文要求材料与论点的和谐统一，因此如何选择材料和运用材料至关重要。增删材料的基础要求是：所用材料能证明观点和表现主题；采纳的材料要真实可靠；材料的引用要恰如其分；选择的材料要有典型性；运用的材料要新鲜。当材料与论点联系不紧密时，要舍得割爱，毫不吝惜。

推敲语言

推敲语言是对论文语言文字的加工锤炼。语言文字的精炼与否直接影响论文内容的表达，语言文字的修改主要集中在文字的准确性和可读性上。对于字词的修改，必须字斟句酌；对于句段的修改，要注意句子间的逻辑关系；对于标点符号和书写格式的修改，要做到准确无误，符合规范；对于那些大话、空话、套话，要毫不留情地删掉。

核对注释

注释是所引用资料的来源和出处，是论文的有机组成部分，是论文科学价值的重要标志。在修改时，一定要对照原文核对注释，逐字校对，避免出现遗漏或错误。

论文修改的策略

在论文修改时，除了要知道从哪几个方面入手进行修改，还需要掌握一些论文修改

[1] 郑金洲，陶保平等.学校教育研究方法.教育科学出版社.2008.

的策略，以便于更快更好地发现问题，弥补不足。以下策略可单独使用，也可搭配使用。

写完立即修改

研究与写作都是有状态的，研究状态或写作状态是由特定的研究场景、思想场景所决定的。在此时此刻的研究状态与写作状态中才能产生如此的研究论文。因此，在写作时要力争写到最高水平，并且在写完之后立即进行修改。写完后立即修改是利用研究所处的高强度与高浓度的写作状态的推动作用。脱离了这样的研究场景与思想场景，脱离了这样的写作状态，可能就产生不了如此的成果，或者不能达到如此的水平。[1]因此，要珍惜写作状态，抓住写作状态，积极写作，积极修改。

放一放再改

及时修改是重要的，放一放再修改也是需要的。当脱离研究场景，走出写作状态时，一些"不识庐山真面目，只缘身在此山中"的问题可能会浮现出来，一些认识不到位、思考不周密的地方可能会显现出来，这时再进行修改可能会更清楚、更到位。放一放再修改，为修改提供了更长的反思时间和更宽阔的思考空间。

读出来修改

写作是书面语言的表达，朗读则是口头语言的表达。口头语言与书面语言的表达效果是不同的。修改时可以尝试通过朗读出声的方式来修改。通过朗读可以发现读写会不一致。有些不通顺的表达通过朗读可以显现出来。因此，通过朗读进行修改也是一种不错的策略。

向他人求教

《学记》云："独学而无友，则孤陋而寡闻。"谚语也说："三个臭皮匠赛过诸葛亮。"做研究、写论文也需要朋友的帮助和师长的指点。论文写作之后可以向有经验、有水平的师长、朋友请教，请他们给予指点评教。师友们的不同见解与指点，往往可以起到启发思维、开阔思路、指点迷津的作用。这样有助于研究者在学习吸收他人见解

---

[1] 李冲锋.教师教学科研指南.华东师范大学出版社.2009.

的基础上对论文进行进一步修改完善。

论文修改的方法 ／

科研论文修改的方法大体上可概括为四个字：增、删、换、移。根据论文中不同的问题，使用相应的修改方法，对其作进一步的斟酌、调整、润色，使之更趋于完美。

增加补充

如发现论文中有材料不足、论证不充分的情况，就要增加相应的依据、论证。如果论文中前后内容缺乏必要的承上启下、过渡转折，便要重新加上去。增加论文内容时，要注意所增加的内容与论文上下文衔接得当、符合逻辑。

删繁就简

有的作者在修改论文时，常常会舍不得割爱，不忍心将自己写的东西删掉，却反而使论文的质量受到影响。论文中与主题无关，或似与主题有关实则损害主题的内容，应当删除；多余重复、拖沓冗长的段落、句子、词语等应当删除；开头离题太远或结尾画蛇添足的内容也应当删除。

更换词句

论文修改时，如果发现初稿中有用得不恰当的材料，或表述上有不正确、不全面、不妥帖的地方，就必须进行更换。大到段落，小到字词都需要反复地仔细阅读，发现问题后，不要急着立即更换，考虑了论文的整体结构，参考了选题领域内的规范字词之后，再行更换。

移动调整

论文修改时往往会发现初稿中某些材料或语句在文中出现的位置不够恰当，如有的提前了，而有的推后了，发现了这些情况，就要对材料进行调整，包括语句的调整和段落的调整。调整语句时，要注意句子之间的逻辑关系，避免出现句子之间用词的不统一等问题。调整段落时，要注意论文上下文的关系，必要时可适当增加过渡句段。

/ 论文发表 /

在论文的初稿完成，并加以充分修改后，论文就可以最终定稿了。论文完成如不发表，就会由于传播范围的限制不能使更多的人受益，本人也无法使自己的观点让更多人接受。科研论文作为一种研究成果，只有走进更多人的视野才能发挥其真正的作用，让读者受益。因此，科研论文完成之后，要积极地投稿，以寻求科研成果的发表，扩大在学术界和社会上的影响。

论文发表的意义 /

科研论文的发表既向大家展示了自己的科研成果，同时，也促进了学科内部的学术交流和发展，还可以为更多教师学习和借鉴，指导他们的教学实践，获得大家的认同和关注。因此，科研论文的发表具有十分重要的价值和意义。

获得社会认同

论文能够在期刊上发表出来，是教学科研工作得到社会认可的表现。期刊一般是不会发表那些不成熟、做得不好的研究成果的，因此，在期刊上正式发表的往往是那些有价值、有意义的科研成果。

接受成果检验

上面我们谈了发表本身是一种社会认同，但这并不等于说科研成果就完美得没有问题，就全部得到社会认可了。把论文发表出来，也是为了让科研成果接受同行、专家学者和社会的检验。论文只有发表出来，才能接受更大范围内、更多人的检验。经过检验的论文，要么获得肯定与认同，要么受到批评与攻击。经过检验，才可以进一步确认研究的价值与意义，为进一步推广与使用打下基础；经过检验，才可以暴露研究中存在的问题与不足，为进一步改进、提高与完善打下基础。

提高教师收益

科研论文的发表能够给教师带来诸多的收益。这些收益，既有经济收益，如因论文发表可以获得编辑部、出版社的稿费，自己工作单位颁发的奖金等；也有社会收益，如学术评价机构的荣誉与奖励、职称职务的提升、学术知名度的提高、社会影响力的扩大等。可以说，通过发表文章，教师的内在满足需要和外来激励需要都会得到满足。

促进学术发展

教育科研是在前人研究成果的基础上进行的，教学科研成果中体现着教师自己的劳动与智慧，同时凝聚着他人的力量。教师的教学科研成果也会成为他人或后人研究的基础与参照。科研论文发表了才能使自己的研究融入学术丛林，成为学术丛林中的力量，从而为学术研究和学术发展作出自己的贡献。

促进教学实践

科研论文发表后，可以被更多的教师学习、借鉴、运用，可以通过教师们的学习转换与操作运用实现对教学实践的整体改进，促进教学实践的发展。有人认为，科研不能直接改变教学实践。其实，这是没有认识到科研与实践的关系。科研成果所产生的教学思想、教学理论等确实不能直接改变实践，但思想和理论可以改变人的观念，而人是可以改变实践的。因此，思想和理论从来都是有力量介入实践的。科研论文发表了，才能被更多的人接受，直接或间接地影响教学实践，改变教学实践。

论文发表的态度 /

面对科研论文的公开发表，我们要保持一个平和的心态，既要认真负责，善于接纳他人的意见，又要大胆投稿，敢于发表自己的观点。

暂缓发表，认真负责

有的人论文定稿后还是不放心，还要一再等待、不断完善。这种态度是对的，一般写完文章，最好要暂缓发表。人人都有发表欲，论文写出来，急于发表也是人之常情。但是最好能够克制一下，搁置一段时间再发表。因为论文刚完成时，一定还有一些考虑未周全、措辞未准确、行文未精练之处，这些小的漏洞与不足，还需要仔细修改、打磨、推敲才能得到修改、润色、提升。若急于发表，一则会使论文中的不足见诸报刊，二则今后恐怕也懒得修改了。因此，对文章适度的修改是完全必要的。那要修改到什么程度为止呢？我觉得要修改到自己满意为止。这并不一定是科学的评价标准，但却是尽自己最大努力得到的结果。

勇于发表，大胆投稿

做研究需要勇气。选择大或难的研究题目需要勇气，做有争议的题目需要勇气，提出新见解需要勇气，说真话、坚持真理需要勇气，面对异议坚持下去需要勇气，研究完毕把研究成果拿出来接受世人的检验，也需要勇气。[1]

许多教师平时也做些研究，写些文章，但是总感到自己的水平有限、写得不好，因此有羞于见人的想法，不愿意拿出来发表。暂缓发表是对的，但不能不拿出来发表。不试一试又怎么知道行不行呢？其实，只有不断投稿才能在实践中检验自己。许多论文投出去之后，本来可能只是想试一试，后来就真的发表了。拿出发表的勇气，勇敢地去投稿，这是科研论文发表的重要一步，教师要从心理上迈出这一步。

投稿并不总是一帆风顺的，有时认为很可能会被采用的文章可能投出后音信全无，有时认为没有希望的文章可能被重点刊出，有时可能会屡"投"屡"败"。虽然可能会屡"投"屡"败"，但我们仍要屡"败"屡"投"。要相信自己，总有一天会成功。

论文发表的方式 ／

在现今这个信息化社会背景下，论文不再拘泥于单一的发表方式。既可以在期刊杂志上发表，也可以整理成书印刷出版，还可以通过互联网在论坛、博客上发表。中小学教师可以充分利用多种多样的渠道，更好地展示自己的科研成果。

---

[1] 李冲锋.教师教学科研指南.华东师范大学出版社.2009.

刊物发表

一提到科研论文的发表，人们首先想到的是在报刊上发表。科研成果完成后，可以选择相关的刊物予以发表。刊物分为内部刊物与正式刊物。内部刊物包括有内部刊号的刊物与无内部刊号的刊物两种。不论有无内部刊号，内部刊物是单位内部或区域内部自编自发、在内部区域内发送的刊物。正式刊物是国家正式批准的具有ISSN刊号和CN号的刊物。正式刊物有国内发行、国外发行、国内外发行等发行范围，影响面比内部刊物要大得多。评定职称、评定科研成果一般是以正式刊物发表的文章为准。

书籍出版

如果是涉及重大的教学科研成果，或者众多教学科研成果的结集，可以通过书籍出版的方式发表。书籍出版有专著、编著、主编、参编、收录等方式。教师可根据情况联系出版社公开出版。

网络发表

发表不是单纯地为了评职称、为了评定成果，更是为了交流、为了扩大影响。从这个角度来说，网络发表是一种非常好的选择。因为网络发表完全由教师自己掌握，而且网络发表的影响面与影响力也不弱。而今，网络已成为教师发表科研论文的重要阵地和平台，博客已成为教师发表科研成果的重要方式。已有许多教师先在博客上发文成名，而后结集出版作品。在刊物发表、书籍出版比较困难的情况下，教师可充分利用网络平台，通过博客等方式发表自己的科研论文。

会议发表

会议发表是通过会议把研究成果介绍给与会人员的一种成果传播方式。从范围的大小上可分为内部会议发表与正式会议发表。内部会议发表，一般是在单位内部会议上向人们发表自己的研究成果。正式会议的发表，一般是在正式组织的会议上宣读或讲演自己的研究成果。有些正式会议往往会编印论文集，或会后出版论文集，这会进一步扩大研究成果的影响。

论文发表的注意事项 /

对许多教师来说，论文投稿可能还是一件不太容易把握的事情，其中也会生出许多问题。下面对论文投稿的一些注意事项加以归纳、总结，仅供参考。

切忌一稿多投

有些人急于发表，论文写完后一稿多投。这种急于发表的心情是可以理解的，但这种一稿多投的做法却是不恰当的。期刊杂志都追求作品的首发权，保护自己刊物的利益。论文发表后可能被其他期刊复印、转载、引用，这些都可以提高原发期刊的影响力。如果一稿多投导致一稿多发，就会影响期刊的利益与影响力。因此，期刊是不允许作者一稿多投的。期刊在"征稿启事"或"稿约"里一般都作了明确约定，反对一稿多投。有的刊物对一稿多投还会采取惩罚措施，如追回已发放的稿费，一段时间内不再刊发该作者的文章，甚至将一稿多投的作者列入刊物的"黑名单"。

从另一方面来说，一稿多投会被认为是作者不遵守诚信，有违学术道德。一稿多投会被他人指责。所以，从个人声誉角度而言，也不应一稿多投。

鉴别期刊的合法性

非法期刊为达谋利之目的，不择手段地变换方式，其不法行为具有隐蔽性和复杂性。教师在投稿时往往会受到非法刊物的骚扰，不知如何辨别期刊是否为正规期刊。期刊鉴别是一项综合性的技术活儿，要全面了解和掌握相关知识与信息进行综合分析，才能正确地断定某期刊是否为合法期刊。期刊鉴别的方法有多种，教师们如果对某种期刊是否合法没有把握，可以到该刊物所在省市区的新闻出版局网站查询。对那些较生僻的期刊，一定要在确定其合法性之后再投稿，否则容易上当受骗。

思考与实践

1.简述撰写科研论文的基本步骤有哪些？

2.选题的基本规律有哪些？如何拟定标题？

3.收集资料的途径有哪些?

4.谈一谈编制提纲的重要性。

5.科研论文撰写初稿的基本步骤是什么?

6.结合实际,说说你是如何修改自己的科研论文的。

7.你经常使用哪种方式发表论文? 说一说这种方式的特点。

/ 论文写作中的常见问题分析

/ 论文写作中的常见问题诊断 /

论文撰写的目的是为了向他人展示自己的教学研究成果，总结自己在教育教学实践和科研中的经验、心得体会，或者是探讨某一研究问题的前景，并发表自己对这一问题的看法。随着基础教育课程改革的不断推进，对于教师的要求也在不断提升，由于小学教师时间、经历、理论积累及写作训练欠缺等原因，导致教师在论文写作过程中会存在各种各样的问题，通过总结发现主要问题基本上有如下几类。

老生常谈 /

曾有位编辑说，在审稿的时候最忌讳的就是老生常谈，然而中小学教师所撰写的论文大多数是对自己的经验的总结，而这种文章恰恰容易出现老生常谈的现象。教研的结果，最终都将以论文的形式进行报告。要在众多的论文中脱颖而出，必须拥有新颖的观点，但又不能脱离实际，哗众取宠或随意修改结果、数据，为新颖而新颖则会使科研失去意义。

然而有些教师的论文从选题到论述过程，所阐述的观点都缺乏新意，难以引起读者兴趣。如《如何帮助学生建立自信心》一文,作者提出了三个基本观点:一是"以师为范,激发自信心";二是"拓宽渠道,培养自信心";三是"创造机会,增强自信心"。

案例4-1

一、以师为范,激发自信心

自信心也是可以相互感染的,教师自信与否直接影响着学生的自信。在没接触心理教育之前,我确实在有些方面缺乏自信,尤其是怕有人听课,就是课准备得再充分,一上课就怕这怕那,缺乏自信,而且这种不自信往往也致使学生在上课时紧张、拘束,影响课的效果。

二、拓宽渠道,培养自信心

1.利用中队会及各种比赛的开展,使学生根据自己的兴趣、爱好,在不同层次、不同领域获得成功。首先我们在学期初开展了以"我能行"为主题的中队会……

2.根据学生实际,设计心理活动课。

3.创造有利于增强学生自信心的班级环境。板报作为教室布置的一项重要内容,也要充分利用。

4.与家长配合,共同培养孩子的自信心。孩子每周在家生活的时间远远超过在校时间,作为孩子第一任老师的家长,对孩子身心的发展,也起着重要作用。

三、创造机会,增强自信心

心理学研究表明:"没有什么比成功更能增加满足的感觉,也没有什么比成功更能鼓起进一步成功的动力"。教师应利用这一点,多给学生创设成功的机会。

学生的作业也是老师与同学沟通的好机会,在学生每次的作业中,找到闪光点,写上几个字或几句话的评语鼓励一下,既联络了师生的情感,又使学生得到了劳动的喜悦,增强了自信心。

还要给缺少自信的学生更多的锻炼机会,如:我们班在选用学习小组长、劳动小组长时,总会把更多的机会给那些缺少自信的同学。现在,我们班的绝大多数同学都能在不同领域表现自己,体验到成功的快乐,对自己也越来越有自信。

当然，在教育教学中培养学生自信心的方法还有很多，我这里也仅是一些尝试，相信在大家的共同努力下，一定会出现更多更好的方法，帮助每一个孩子建立自信、拥有自信、健康快乐地成长。

这些观点基本上属于老生常谈，难以对读者的视觉和思维产生冲击力。如果能从愿景认同、潜能开发、自我内驱、挑战挫折等方面论述，可能会找到一些新的感觉。[1]

中小学教师在论文撰写过程中容易老生常谈主要有以下原因：

首先，欠缺发现新问题的能力。教育科学研究，在很大的意义上就是通过所习得的教育理论知识来解决在教育过程中所发现的问题。问题是人们在认识事物的过程中将已知与未知相连结的纽带。发现并解决问题，才能促进人们的认识得到持续不断的发展。因此，科学研究中至关重要的一步则是发现值得研究的问题，教师能否发现他人所没有发现的问题，是衡量所写的论文是否具有创新价值的标准之一。许多教师不是写不出有新意的文章，主要是因为缺乏发现新问题的能力，因此经常对别人已经研究过的问题再进行研究撰写文章，难免会让人有味同嚼蜡的感觉。因此，中小学教师要善于结合自己的工作实践和当前教改形势的发展，敏锐地观察到当前教育、教学工作中存在的各种问题，然后深入地去分析和研究问题，以便创造性地解决问题，进而写出让人耳目一新的文章。

其次，教师撰写论文的动机影响教师文章选题的选择。有的教师为了写文章而写文章，所以把一些常见的情况或已经反复介绍过的经验当作新的经验来交流。或者，有些年轻教师的确从自己的教学中有所心得和体会，但这些心得和体会已经反复总结和交流过。再者是为了评职称、评奖而写文章，一些省市在专业技术职务评定中，把科研水平和科研成果作为硬性条件或优先条件明确提出来，教师简单地把对教育的理解为发表论文，因此陷入了追求论文数量的误区，敷衍了事，将已经有许多研究成果

---

[1] 辜伟节.关于中小学教师论文写作的问题反思与建议——以扬州市"运河杯"论文评选为例.江苏教育研究, 2010.12.

的东西拿出来进行加工而形成自己的文章,以达到晋职评先的目的。[1]

空谈理论 /

中小学教师为了体现自己教育研究的深刻性,因此比较偏重选择理论性的课题。从实际需要来看,中小学教师的科研应以应用研究和开发研究为主,而不是理论研究。因为理论研究的周期相对比较长,并且要求研究者具有较高的理论素养;而中小学教师用于科研的时间非常有限,所以理论研究一般不太适合他们。但是,有相当一部分中小学教师为了达到早出成果、快出成果的目的,都比较喜欢选择理论性课题,但由于理论素养的欠缺,往往论述不充分,空谈理论,达不到预期的效果。

论证不力的情况有两类,其中一类只有理论分析,从理论到理论,缺少必要和充分的事例或数字依据;中小学教师是教学实践的执行者,应该说其丰富的教学实践为教育教学研究提供了大量的真实的教育科研素材和教学案例,但是由于缺乏一定的科研素养,以及科研能力,对日常的教学情境、问题缺乏必要的观察、思考、记录、整理的习惯,结果造成论文中有大量的理论堆砌,而缺少系统而丰富的教学案例。

如果在论文中选择某种已有的理论作为理论基础,那么在研究与论文行文中就一定要体现这种理论作为理论基础所发挥作用。现在中小学教师在做研究时喜欢找一大堆理论,特别是时下最流行的理论作为研究的理论基础,然而在研究论文中却看不出半点这些理论的影子,看不出它们在研究中所发挥的作用。[2]

单纯经验之谈 /

论证不力的另一种是列举的材料方法很多,却缺少周密严谨的逻辑性。这一类毛病在许多论文中常出现,其表现为:忽视"新颖性"的要求,用一些人们熟知的陈词滥调,缺乏新鲜感、吸引力;论据缺乏典型性、必要性,仅凭在特定环境中极少发生的某些事实,得出与该环境中大量发生事实所不同的结论,因而缺乏说服力;提出论点、

94

[1] 教育科研及论文写作的指导. http://www.zxxk.com/ArticleInfo.aspx?Page=4&InfoID=99059(2012/3/24)

[2] 李冲锋. 教师教学科研指南. 上海: 华东师范大学出版社, 2009. (185).

罗列论据之后，不作深入分析甚至不作任何分析，没有论证过程，便用"由此可见"、"大量事实证明"等语句，转而扣合所提出的论点；以偏概全，以点代面，以小论据支撑大论点，论据不足；方法比较单调，文章显得平铺直叙，没有波澜起伏。

部分教师由于研究不够深入，使得文章缺少理性的论述，教育科研论文经常停留在经验的描述，没有很好地与教育理论相结合，因此也没有达到通过教育论文的撰写来提升自己的最终的目的。

要把教学实践与教学科研的成果上升到理论层面，要利用教学经验和研究材料进行严密的论证。为提升论文的理论性，必须在科学认识的基础上，加强分析、概括、归纳、演绎、类比等逻辑论证。论文缺乏理论性很大程度上是因为缺乏这些方面的逻辑论证，往往是事实加事实的罗列，材料加观点的列举，观点加例子的简单论证。

中小学教师作为工作生活在教育教学实践一线人员，有着丰富的教学实践经验，对于教育教学更多的是感性认识，缺乏对实践的理性的认识和感悟，因此对于自己驾驭科研结果的总结难免会出现纯粹的经验总结的现象。许多中小学教师写的论文纯粹是自己教育教学经验的总结，满足于对教育活动的现象描述，没有或极少运用教育理论来分析各种教育现象，所谓的教育科研论文实际上是教学笔记或会议报告。还有就是对教学方法的简单介绍，由于不懂得教育科学是正确反映教育教学规律的，因而论文所阐述的内容主要是一些人们已知的或熟悉的教学方法、学习方法、思维方法、管理方法等程序和规则层面的东西，并没有提出新的方法和见解。再者就是教师的论文多数是常规的描述，因为其对教育科学研究是通过对教育现象的解释、预测和控制，探索教育规律的一种艰苦复杂、富有创造性的认识活动，而是片面地理解为教学常规的描述，以为其将教学过程、教学步骤、教学环节、教学方案通过精心修改、提炼、充实，就是一篇科研论文。如果教育科研论文纯粹是自己教育教学经验的总结或教学笔记，停留在对教育现象的描述、教学工作体会、钻研教材感受的层面上，没有超越对具体的、偶然的教育现象的描述，不能结合教育理论来把握现象后面的规律，或者不能把经验上升到理论层次，这样的科研作用也是很小的、很有限的，因此也会使研究成果过于表面化、肤浅化和经验化。

教育研究的意义在于揭示教育过程中存在的客观规律，这些规律具有共性，能够借鉴和推广。中小学的教育科研也不例外，如果没有超越对具体的、偶然的教育现象的描述，不能结合教育理论来把握现象后面的规律，或者不能把经验上升到理论层

次，那么，这样的科研其作用非常有限。[1]

理论理解和应用不正确 ∕

中小学教师常年在一线从事教学工作，往往积累了大量的教育实践经验，但是在研究的过程中并不满足于总结这些教学经验，而是经常会结合自己的教学实践经验和反思，就一些教育教学理论进行探讨，如对某些理论本身或其实际价值提出质疑，或提出改进意见。这类论文对教师的理论水平的提高具有重大意义。但是在理论运用的过程中经常会出现一些毛病。

理论运用不正确的表现

理论是教育科研论文的支柱，但由于中小学教师理论素养不足，因此，在论文写作过程中不能正确使用理论来证明自己的观点，因而会出现一些问题。

盲目套用理论、概念理解有误

中小学教师工作在教育一线，拥有大量的教育实践经验，但对于"教育科学理论和教育教学方法"的了解却相对匮乏。因此在撰写教育科研论文的过程中，就会出现将教育理论生搬硬套在自己的教育教学实践上。有一部分文章属于跟风写作，什么理论流行就用什么理论。有的教师会简单套用时下最热门的理论，如多元智能理论在基础教育课程改革实施的背景下成为一个热点的理论，因此也成为教师在论文撰写过程中经常引用的理论依据，但由于对于理论的理解不够深刻，往往会使教育理论与教育实践脱节，没能使理论对自己的教育实践做很好的理论支撑。而有些文章则借用几个时髦的名词术语来串联一些并不新鲜的观点，貌似有理论深度，实则牵强附会。如前些年"三论"（系统论、控制论、信息论）流行，就引发了一大批用"三论"来解释和指导教改的文章。而近几年和谐理论受到重视，又出现了不少"创建和谐的学校文化"、"和谐理论走进课堂"之类的文章。不能说以"三论"或"和谐理论"作为教育研究的理论基础有什么不妥，这些研究文章中有一部分属于严肃的学术探讨，但也有相当部

[1] 赵蒙成.中小学教师教育科研论文中的问题与对策.教育发展研究，2001 (4, 29).

分是跟风之作，并不是出自研究本身的需要，只是一些时髦名词的堆砌而已。时过境迁，这类"知识创新"几乎没有留下什么有价值的学术遗产，却助长了一些研究者的浮躁心态。

有的教师还会在论文提出问题之后，紧接着就列举出几条很概括的原则。乍一看，没有什么问题，但仔细阅读，我们会发现教师其实对理论并不了解，首先，各部分内容之间互相重复，且有的原则与问题对应不起来，其次，有的论述空洞没有内容，更难看到在这些概括的原则后面教师自己的体会。更有甚者，教师对概念的错误理解表现在文章的题目中。[1]

理论的运用不恰当

有些文章选择的理论视角有一定意义，但常见的问题是大而化之、浅尝辄止，不利于对问题的深入认识。例如以"多元智能"和"建构主义"理论指导课程教学改革的文章不少，但大多停留在"多元"和"建构"的词义解释上，缺少深入而有效的研究。如讲"多元"就是要培养多种能力，而很少研究培养这些能力时怎样处理相互关系和影响。讲"建构"就是注意生成性，但很少注意不同建构模式的针对性和适用性。这类大而化之的理论应用，容易有其名而无其实，也就削弱了研究的理论和实践意义。[2]

一部分中小学教师文章中理论运用不恰当主要有两方面原因。其一是对教育原理的认识不够深刻、准确，导致不能科学地运用原理，缺乏应有的说服力。其二，许多中小学教师在运用教育原理时，不能把原理与教育现象有机结合起来，教育理论与其所反映的教学实际有很大差别，没有把握住教学实际和本质的内在联系，缺乏针对性。二者处于分裂状态，教育原理的运用没有取得应有的效果。[3]

[1]　李海.教育科研论文写作.http://lihai1961428wushi.blog.163.com/blog/static/52735638201212015245376/.(2012/3/19)

[2]　张肇丰.写论文可以没有理论吗?——试说中小学教师的论文写作与理论应用的关系.江苏教育研究.2009.12.

[3]　赵蒙成.中小学教师教育科研论文中的问题与对策.教育发展研究.2001.4.

全文结构不合理，逻辑联系不严密

教育论文的逻辑性和论文结构有关。毛泽东同志说过："写文章要讲逻辑。就是要注意整篇文章、整篇演说的结构。开头、中间、尾巴要有一种关系，要有一种内部的关系，不要相互冲突。""定体则无，大体则有"（王若虚《文辩》），前者指文章结构没有固定的模式，后者指文章结构有基本的形态，这说明我国古代文论就很重视结构。[1]

论文结构的常见问题

论文的结构是文章的骨架，对论文起到重要的支撑作用，一篇论文应该有完整的结构，大体由绪论、本论、结论三部分组成。中小学教师在论文结构上经常会出现一些问题，大体有如下几个方面。

逻辑性较差

逻辑性差是一种总体感觉，可能表现在整体结构、推理、关系等各个层面，也会表现在不经意的一句话或某个概念上。有的论文标题混乱，层次不合理，混乱、次序颠倒、内容杂乱，或有头无尾或有尾无头，有的内容表达缺少限定或不准确，对出现的抽象名词不予解释，这些都属于逻辑性差的表现。

结构不合理

结构是一篇科研论文的基本构架。它既有安排材料，呈现顺序和叙述过程的组织作用，也有阐明题目、表达观点和体现思想意义的作用。由于相当部分教师不知道科研论文的结构应当科学严谨、叙述有序、通畅达理，因而在论文结构方面常常出现如下几个弊端：

(1)题目与内容不一致

题目是一篇文章的灵魂和统帅，它既表达文章的中心与旨趣，还界定研究的内容和对象，这是写文论道的基本常识。但有的科研论文题目与文章的主体内容大相径

[1] 张学军.地方教育科研导论.北京：教育科学出版社，2008.3(133).

庭，文章题目明明是界定了论述的内容和领域，但文章内容阐述的却是另外的对象和事物，内容与题目联系不密切甚至丝毫无关。作为传授知识、培养能力的教师来讲，这种现象不应当出现。

(2)内容论述不合理

一般科研文章开展论述的主体结构主要分为并列式和递进式两种，具体采用哪一种论述方式，要看论述内容大小和问题属性，这是写文章的一般逻辑顺序。但有些教师对内容阐述和问题分析上存在诸多层次不清，结构混乱现象，是并列关系的没有按并列去安排，不是并列的却偏偏按并列去对待；明明是递进关系的不去按递进论述，偏偏按并列去展开论述，等等。论述得不合理严重影响了科研论文的质量。

(3)概念界定不清楚

既然是研究性文章，就必须要对研究对象的本质属性有一个清晰准确的认识与界定，在此基础上，才有可能具体进行进一步地探讨，但我们常常可以看到，论文中随意提出一个概念或一个观点，但并不将概念或观点的内涵、背景、特征、类别和来由给予明确的界定或说明。所要论述的概念或观点的本质内涵和特征属性都不予界定或界定不清，论文研究的可信度与必要性势必大打折扣。

(4)结构刻板呆滞

有的文章结构刻板呆滞，千篇一律，尤以"三部曲"（现状——原因——对策）或"四部曲"（成绩——问题——成因——对策）的写法多见，缺乏创造性。[1]

层次不清、颠三倒四，缺乏总体构思

有的中小学教师在文章撰写过程中不能认真布局，有的胡子眉毛一把抓，主次不分明，重点不突出；有的信马由缰，自由驰骋，前后不衔接，段落零散、缺乏单一性和完整性，段落内部结构混乱，或颠三倒四、东拉西扯；有的前后重复、相互矛盾，上下两段明显地割裂开来，缺少自然的过渡，使人感到突兀、生硬，意思不连贯；在文章中，该承接的不承接、该分段的不分段、缺乏必要的过渡和照应，造成结构上脱落散乱，该详细不详细、该简略的不简略，主次轻重不分，中心思想不突出，有的分段太长，

---

[1] 裴跃进.小学教师教育科研论文存在问题的研究.中国教育学刊：.2003.8.

结构单一，缺乏层次性，一篇四五千字的长文章，中间不用序码，也不加小标题，读起来很吃力。

结构失衡

中小学教师撰写的论文经常会出现结构失衡的问题，主要表现在以下几个方面：

(1)内容失衡

内容失衡，即研究内容部分与部分之间安排失当。例如，有的论文前面有研究背景、选题的意义、文献综述等占用了大量的篇幅，真正的核心内容却很少，这就是内容失衡。内容失衡必然体现为结构上的失衡。

(2)层级失衡

层级失衡，即把不同的级别的问题放到同一层级上来论述。大标题到小标题是层层递进的，是包含与被包含的关系，它们的位置顺序是不能随意改变的。有的为了创新或突出文章的新颖，违反逻辑，将不同级别的标题放到同一层次来论述，犯一些学科性常识性错误，也会造成论述的混乱，对读者也会造成困扰。

(3)文字失衡

一篇文章中，同级标题在数量、构词形式上以及结构上要保持一致。有的教师不善于总结提炼，常常会造成小标题论述的文字特别多，而有的则特别少等问题，造成文字失衡。文字上讲究匀称，不硬性要求完全相同。小标题是一篇文章总论点下的分论点，就要求做到精准，简洁，具有概括性，结构保持一致，让人清晰明了。

语言表达常见问题

学术论文的语言应该准确、清楚、精练，但一些中小学教师混淆的了学术论文与常见的文学作品或科普读物在语言要求上的区别，堆砌辞藻，展现文采，违背学术论文的用语要求，或者语言表达不准确，词不达意。

学术论文的语言表达应该力求做到语句通顺达意，句子结构完整，词语搭配正确，标点符号使用恰当。要尽量避免使用过于口语化的语言，正文中尽量减少中英文

交替使用的现象。在论文撰写过程中,中小学教师在语言表达上的问题主要表现在以下几个方面:

语序不当

论文多使用比较复杂的语句,如果词序不当,意思就表达不清,造成歧义,语序不当主要有以下几种情况:

1.多层定语语序不当,如教学用的那一台去年从国外进口的数码投影仪为课堂教学增添的一种新的手段,应调整为那一台从国外进口的教学用的投影仪……

2.定语和中心语位置不当,如教室里挤满了很多教师来听课,应调整为挤满了很多来听课的教师。

3.多层状语语序不当,如使这次的教师讲课大赛今年在全国范围内获得强烈的反响,应将"使这次的讲课大赛"放在"在全国范围内"之后。

4.定语状语语序不当。

5.虚词的位置安排得不恰当,特别是"把"字短语位置不当,如把这个作业不完成就不能下课,应调整为,不把这个作业完成就不能下课。

6.主客体颠倒。

7.复句中分句语序不当。

8.主语与关联词或并列词语语序不当,如通过检查,大家讨论、发现、解决了课外活动中的一些问题。应改为"发现、讨论、解决"才合乎逻辑事理顺序。

成分残缺

句子结构不完整,句子缺主语的现象最为突出。一句话若是少了不能省略的主要成分,主语、谓语、宾语等,就会因语句的结构不全而达意不明。例如:"随着四化建设的迅速发展,要求人们努力学习科技知识,"缺少主语,应去掉"随着",让发展作主语,再如"这个学术会议很及时",其中缺少谓语,应在会议后加"开得"或在前面加"召开"。在日常的口语中我们这样说可以理解意思,但是在学术性较强的科研论文

撰写中应力求语言的严谨。

不合逻辑

运用语言既要合乎语法，又要合乎逻辑。合乎逻辑就是合乎人们的思维规律。例如，在生产和科学技术高度发展的形势下，是否努力提高职工的科学文化知识，是否调动和有效地运用职工的积极性，是企业的管理者面临的一个重要问题。作为判断，要么"是"，要么"否"，不能既"是"又"否"，不加肯定。这个句子里由于加上两个"是否"就使得这个判断没有意义。将两个"是否"去掉方能得出肯定的结论。

词语搭配不当

词语搭配不当也是教师论文中常见问题，词语搭配不当会影响文章意思的表达。词语搭配不当主要有以下几种表现：

1. 主谓搭配不当，如师生关系僵化的问题仍没得到改善，应将"改善"改为解决。

2. 动宾搭配不当，如"新课程改革倡导教师创造性地使用教材"中的"倡导"应为"要求"。

3. 主宾搭配不当，如两个人一旦发生矛盾就相互争吵，不通融，是最愚蠢的见解，应将"见解"改为"做法"。

4. 修饰成分与中心语搭配不当，如随着辱骂，体罚等虐待学生事件的频率和强度的增加，教师道德已成为我们共同关注的问题，应该在"事件"后加上"发生"。

5. 关联词语搭配不当，如教师如果缺乏创新精神，也不能适应时代的要求，应将"也"改为"就"。

科研论文语言的口语化现象突出

中小学的教育研究视角更多的来源于教学实践和经验，因此在论文撰写的过程中，往往对于事实论证的运用会多于理论论证，会更倾向于引用教学实例来论证自己的教学观点，而抽象的思辨说理的理论相对较少，因此教师的语言更多是描述性的，语言的口语化更严重。如"想在一个单一的任务型活动设计中体现任务型的教学途径的整体思路是不大可能的"，"学生能够学会质疑，体现学习的主体性，这是好事"。

重要信息与次重要信息的位置颠倒

有时候文章中会出现本末倒置的现象，重要信息与次要信息的位置颠倒，使表达模糊不清，让读者无法一目了然地理解作者要表达的中心意思是什么。因此我们在句子组织上，一定要遵循先主要，后次要的原则，令人读起来感觉主次分明，易于阅读。

句子欠简洁

有的论文使用长的句子过于多，文章显得呆板、单调，让人读起来很费力，而且句子过于冗长，就会给人感觉拖泥带水，重点不突出，脉络不清晰，不容易让人理解，而且过长的句子还会带来一些语病。如"任何来自于实践的经验之谈，都不复杂，都是简单明了的，关键在于看人们是否能够实实在在运用到实践中去"，这个句子让人读起来很吃力，对于不必要的成分可酌情删除，让人读起来简单明了，因此应调整为"任何来自实践的经验之谈都是简单明了的，关键是怎样把经验运用到实践中去"。文章的深度不在于句子的长短，简洁的句子更能清楚地表达作者的意思，使文章清晰明了。

论文用语不准确

很多教师在论文中提到某种教材、教材大纲、课程标准时，往往不提供准确信息，而是用一些模糊的说法，如"新教材"、"人教版教材"、"初中大纲"、"新课标"。在学术论文中，首次提及某些教材或教学大纲时，要使用完整的名称，必要时提供出版时间和出版者或作者，如"《普通高级中学英语课程标准（实验）》（教育部，2003）"。再次提及时可使用简称，但必须在第一次使用的全称后面注明简称形式，如"《普通高级中学英语课程标准（实验）》（教育部，2003，以下简称《标准》）[1]"。

学术道德问题 /

随着现代社会分工的发展和专业化程度的增强，市场竞争日趋激烈，整个社会对

[1] 程晓堂.与中小学英语教师谈论文写作.基础英语教学，2005.1.

从业人员职业观念、职业态度、职业技能、职业纪律和职业作风的要求越来越高。特别是在"为人师表、行为世范"的教师行业，教师职业道德如何更是影响到"国家的未来"。

作为教育科研的主力军教师而言，其职业道德组成部分之一的学术道德，是指其在从事学术研究活动的整个过程及结果中，处理人与人、人与社会、人与自然关系时，所应遵循的行为准则和规范的总和。

学术道德是治学的起码要求，是学者的学术良心，其实施和维系主要依靠学者的良心及学术共同体内的道德舆论。它具有自律和示范的特性，学术道德的缺失无疑意味着学术失范现象的产生和蔓延。[1]

中国社会科学院法学研究所研究员、教授张广兴在2007年1月9日《学术规范与法学论文写作》的讲座中指出在论文写作中违反学术道德的常见的集中表现。[2]

违反学术道德的几种表现

无视他人的学术成果

无视他人的学术成果，是中小学教师在形成自己的学术成果的时候，对于其他人的研究不做任何的交代，另外，还有一种形式是拼凑，即把别人发表的文章东拼西凑作为自己的研究成果，有的则是经过自己的加工、思考，进而再用自己的语言把它表述出来，而有一些干脆就是简单的拼凑起来。众所周知，做学术研究是一项继承性很强的活动，因此，我们在做研究的时候要尊重别人的研究。但是，有一些写作者在论著或者文章中间就缺乏这方面的认识，这可能有两方面的原因：一个是受到各种限制，比如，资料的匮乏，抑或中小学教师时间少，任务重，由于惰性，懒得去查找，这个是由于教师自己本身的原因，客观上不知道；而另外一个是有意的回避，这样会突显出自己的研究具有创新性，具有填补空白的性质，这样在学术道德上多少会存在一些问题。

[1]　学术道德.http://www.qikan120.com/qydtInfo.asp?ArticleId=1219.(2012/3/28)

[2]　范崇澄.学术论文写作和学术道德问题.http://www.doc88.com/p-336737063896.html.
　　(2012/3/21)

故意篡改数据

故意做出错误的陈述，捏造数据或结果，破坏原始数据的完整性；伪造、拼凑、篡改科学研究实验数据、结论、注释或文献资料等行为。有的教师不在论文撰写过程中需要数据来支持自己的论点，但并没有进行调查，直接用别人调查分析过的数据，或者为了防止数据的重复仅仅将别人的调查结果简单地修改一些数据。或者有的教师进行调查之后发现分析后的数据与自己的论点相反，不能证明自己的观点，因此就擅自篡改数据，来满足论文的需要，这些都是有违学术道德的。

署名不当或滥用署名

作者署名是文责自负和拥有著作权的标志。论文署名的目的从理论的原始意义上说是表示对研究成果的负责，是作者辛勤劳动的见证。署名问题，实际上是荣誉问题，从根本上体现道德问题。

教师作为一名知识的传播者，同时也是一名教育理论的研究者和实践者，按照教师的道德要求，能否在科研论文的撰写、发表、评奖等问题上做出尊重他人劳动成果，具备优良的科学道德，是教师职业道德的重要体现。但在论文写作、发表、评奖和职称评定等涉及论文的工作中，有很多教师背弃了学术道德标准，在论文署名问题上，或目的不纯，借署名拉关系，或争署名，争先后，或依靠行政权力侵占他人劳动成果，或原封不动地直接更换一下论文题目，直接将他人作品署名为自己，或对别人文章改头换面，为我所需，粗糙加工，或在共同研究工作中，对他人的贡献不予承认，或为了评定职称，一篇文章几个人用，或本来是第三作者，在报表中篡改为第一作者等，此类现象屡见不鲜。这样的现象，违背了教师职业道德规范中"尊重同事，团结协作"的要求，是对同事劳动成果的轻视；违背了诚信原则，打击了研究者的积极性、主动性和创造性，败坏了学术风气。[1]

重复利用自己的研究成果

对于重复利用自己的研究成果也算是一种违反学术道德的表现，如一稿多投。所

[1] 孙菊如,周新雅编著.学校教育科研.北京：北京教育出版社,2007 (191).

谓"一稿多投"，是指作者把自己的作品同时或者先后向不同的出版社或其他媒体发表邀约。"一稿变相多投"是指作者把自己的一个作品拆开成若干个作品后发表，或将内容无实质差别的成果改头换面作为多项成果发布。许多教师为了增加自己稿件被录用的机会，才会将自己的作品同时或先后投给了多家出版社；或者同样的观点、论据和论证过程稍加改动再行发表，重复利用自己的研究成果。

忽视他人的劳动成果

对于给自己的研究提出了实质性的帮助，包括重大启发的人在文章中间不表示感谢，有的时候甚至在成果中间使用了别人的观点，但这个观点不是公开发表的，比如教师之间对某个问题进行讨论，其中一位教师讲了一些对这个问题的看法，最后这种观点被吸纳进自己的研究成果，但是在文章中间却没有任何交代，这也是十分不妥当的。感谢的话我们还是要提倡的，但是有些感谢要分主次，感谢得太多实际上是没有必要的，所要感谢的就是对在这个成果中间提供实质性帮助的人给予感谢。

伪造学术经历

在评奖、评优、奖助学金评定等申报材料填写有关个人简历信息及学术情况时，不如实报告个人简历、学术经历、学术成果，伪造专家鉴定、证书及其他学术能力证明材料等行为。

未如实反映科研成果

有的学校评定职称的除了平时教学表现还有科研成果等要求，而有的中小学教师为了评定职称会虚报科研成果，或重复申报同级同类奖项，或随意提高成果的学术档次，在出版成果时未如实注明著、编著、编、译著、编译等行为，因为这几者之间是有很大差别的，著是指作者原创，是绝对的独创，而编的独创性比较低，产生的是演绎作品，编著是介于两者之间，编译类似于编著，但编著的创造性略高于编译，译著是将某著作翻译成另一种语言，由于语言结构的不同，近乎再创作，独创性比较高，但是有的教师为了提高自己学术论文的水平会直接引编译或译著过来的书籍文献，但并不标明，直接标注原著。

粗制滥造

原则上不能把这种做法称之为违反学术道德。这种做法主要是作者粗制滥造了以后，投向相关的杂志社，投稿的时候他就会浪费编辑的时间和精力，也会浪费自己的时间与精力，这么做多半是为了应付了事，也是有失教师学术道德的一种表现。

学术道德失范的原因

对学术道德重视不够

长期以来，人们往往认为学术道德要求是针对高校教师、研究人员的，其实，对中小学教师同样存在着学术自律的要求，但我国教育行政部门并没有将教师的学术道德教育列为师范规范要求，也没有将加强学术道德建设教育作为德育教育组成部分。因此学校对道德教育不够重视也成为教师学术道德失范的原因之一。

缺少必要的机制

学校内部缺少必要的机制约束，一方面表现在还没有建立健全科学的中小学教师学术评价机制。另一方面也没有建立起学术惩戒处罚制度。虽然在职称评定时也实行了论文评审与答辩制度，但论文评审与答辩，在很大程度上还没有与教师的学术道德失范存在一种必然的联系。

没有形成真正的学术研究风气

学术研究是一种不受任何限制的精神创作活动，它不应该有除学术之外的任何东西。然而实际上，一些学校没有形成真正的学术研究风气，有人把学术研究当成是评定职称或者获取经济利益的一种手段，在论文撰写过程中才会出现低层次重复，抄袭剽窃等影响学术研究风气的行为，因此学校内形成严谨的学术研究风气，也就影响求真务实的文风。所以，我们要加强学术道德建设，必须从严谨科学的研究风气入手。

教师学术素养的缺失

加强学术道德建设，我们不可以人为地将师德与师技割裂开来，道德伦理规训只有融入到教师现实的职业生活之中，并在教育实践活动中唤起教师对自我职业的内在理解,这样的道德伦理规训才有意义与价值。加强教师学术道德建设,关键是让教师获得必要的学术素养,形成说真话、说实话、说自己话的文风,才能从根本上减少抄袭他人观念的现象。[1]

/ 论文写作中常见问题解决策略 /

教师在论文撰写过程中,由于自身条件限制,存在问题是在所难免的,但是我们的目的不仅仅在于发现问题,我们要积极地运用策略去解决写作过程中所存在的问题,来提高论文撰写的水平,提高论文的水准。根据教师在论文撰写过程所出现的各种问题,主要提出以下几种解决策略。

要别出心裁 /

老生常谈是教师在论文撰写过程中普遍存在的一个问题,如何在论文中避免再次出现这样的问题,应从以下几个方面着手:

创新是关键

创新也就是教育论文撰写的一个基本原则,首先,研究的问题要有新意,课题研究一般要避免步别人后尘,对于被人所熟知的已经在某个方面取得研究成果的问题就不要再研究了。并且,研究的问题一定有新的内涵,这样写出的文章才会有意义。论文的创新性,主要就表现在选题的创新上。

新内容 随着教育事业的发展,新事物总是层出不穷,教师要善于及时抓住。如新课程改革就有许多新问题需求探索,大到校本课程的开发,小到"学生在课堂上提出问题过多怎么办"都是很好的选题。

[1] 中小学教师学术道德建设随想.微型课题博客.http://jkskt.rdedu.net/jkskt/user1/rdqmm/archives/2009/200933123290.html.(2012/3/25)

新特点   许多做法自古有之，但是随着时代的发展，常常被赋予了新的特点。如闲暇时间的安排，在网络出现之后，应该如何对待，就是一个值得研究的很具有时代新特点的课题。

新方法   同样的问题，使用的研究方法不同也是一种创新。如过去通过经验总结法来研究学生的学习规律，如果现在能通过个案跟踪进行研究，就有可能从学生的思维特点得到一些新的认识。[1]

新问题   教育论文要求作者要有自己的独到见解，敢于革新陈腐的教育思想、内容和方法，能在对教育领域的现象、问题进行观察、调查、分析研究的过程中，发现别人没有发现或没有涉及到的新问题。

新角度   能对别人研究过的问题采取新的或不同的角度或方法，提出具有理论意义或实用价值的新观点或新结论；能在综合前人研究结果（或经验）的基础上再进行加工提炼，挖掘新意；能在别人争论的课题中或出现分歧的问题上进行比较分析，在弄清彼此的分歧争鸣点的基础上，做出与已有结论不同的结论。

新材料、新理论   能用新鲜的材料（事例、数据、史实、观察所得）来证明已证明过的问题，探索新意向；能运用中外教育领域里的最新信息资料、情报以及教育科学研究的最新成果、经验理论、概念，增强教育论文的时代色彩或现代化意识，从而提出新思想、新观念、新理论、新设想，探索新体系、新方法，开辟出新的改革之路，推动教育发展的新进程。

可以说，创造性是衡量教育论文价值大小和水平高低的主要标准。如果教育工作者没有独特的真知灼见，没有创新，只有继承，那么，教育改革也就难于深化。[2]当前，教学改革发展的步伐很快，且随着基础教育课程改革的实施，使得我们面临着许多新的研究课题。拿语文学科来说，如何处理好工具性和人文性的关系，让学生在语文知识和能力，过程和方法，态度、情感、价值观几个方面协调地发展；如何促进教师角色和学生学习方式的转变，实现学生自主、合作、探究的学习；如何运用丰富的语文

[1] 孙菊如,周新雅编著.学校教育科研.北京: 北京教育出版社, 2007 (41).

[2] 孙菊如,周新雅编著.学校教育科研.北京: 北京教育出版社, 2007 (463).

教育资源，实现课内外结合、校内外联系、学科间融合；如何借助现代教育技术，实现语文教育与信息技术的整合等等，都亟待我们去研究，从理论和实践的结合上作出回答。至于综合性的课程改革，诸如综合性实践活动、研究性学习、信息技术和学科教学的整合、地方课程和校本课程建设等，向我们提出了大量的新课题。在国家改革开放、市场经济发展的大背景下，学生的成长环境、心理、价值观念也在发生变化。我们必须面对新情况，研究新问题。做了新的研究，自己有了新的感受，才能写出有新意的论文来。

小题大做

论文的课题选择要从小处着眼，即小题大做。随着科教兴国战略的实施，以课题的形式向社会招标破解难题，教育教学科研课题也不例外。中小学教师作的课题研究，由于受学识水平、理论素养、研究范围、工作侧重点、研究的物质条件等多种主客观因素的影响，一般不能研究一些相对宏观的大题目，充其量作这些宏观题目的子课题研究。所以，中小学教师一般选择一些符合自己实际的小课题作为研究的题目。例如："职业技术教育对中国经济的影响研究""集体备课的有效性策略研究"，相比之下，第一个题目对于中小学教师来说，若要研究，困难就非常大，而第二个题目，非常符合中小学教师工作的实际，就可以解决教学中遇到的困惑，并可以在工作的同时进行研究，即具有非常好的研究价值。

旧题新做

旧的论题不是不能用，关键看怎么写，在写作之前，一定要知道别人在研究什么，研究到什么深度，否则，很可能把别人早已研究得很深入、论述得很透彻的课题重新来做一遍，吃力不讨好。大家知道，文献法是教育研究的重要方法，但目前做教学研究、写教学论文的老师，往往较少下工夫去看与自己研究的课题相关的文献，"只管低头拉车，不问路在何方"，结果辛辛苦苦写出来的论文与别人"撞车"。要改变这种状况，就要搜集和研究相关资料，弄清在这个问题上，前人已经取得怎样的成果，今人进展到什么程度，按照自己的水平和条件，从哪个角度研究才可以有新的进展。

有些课题许多人是已经进行过研究，但是我们要从不同的角度来看待问题，正如盲人摸象一样，同一个的问题因为每个人看问题的角度都是不一样的，因此得出的结论也是不一样的，如果我们能从一个新的角度去研究，也可能会有新的发现，有新的价值。举例来说，"合作教学"早已不是新鲜的话题，却大有深入研究的空间。小组合作学习是目前课堂教学中被大量采用的一种形式，但是，小组合作学习的效益不高，许多小组学习流于形式。据调查，目前的小组学习有独立型、竞争型、依赖型和依存型等几种类型，只有依存型才是真正意义上的合作学习。那么，怎样才能设计好依存型的小组合作学习，使参加学习的每一位学生尝到合作的甜头，从而增强合作的信心和能力，是当前合作教育中迫切需要解决的问题。如果从这里切入，取得的成果具有可行性，写出来的论文就会有新意。过去我们想进行文献研究，常常会感叹资料困难，现在大部分学校已实现与网络的连接，借助现代信息技术，查阅文献资料相当方便。论文写作以前，特别是确定选题以前，最好查一下有关资料，不要匆忙落笔。更重要的，是在写作过程中，"让思想冲破牢笼"，摆脱习惯势力的束缚，走出思维定势的局限，充分发挥自己的创造性，才能写出有新意的论文。[1]

根据全国教育科学"十一五"规划2010年度课题指南中的课题，我们可以借鉴参考。

要注重理论与实践相结合 ／

同样研究结果的最终结果将要以论文的方式呈现，教育论文的撰写同样要遵循理论与实践相结合的原则，是指中小学教育研究既要重视理论的指导也要重视实践，将理论与实践辩证统一起来，密切联系中小学教育教学实际，使一切科学研究的结

[1] zhuofuyu.教学论文写作的两个问题.http://www.exam8.com/zuowen/jiqiao/jiaoxue/200610/731932.html.(2012/3/18)

论都建立在广泛的、严格的科学实验基础上。中小学教育研究的课题主要存在于中小学教育实践中，它的研究结果也多是为教育实践服务。但忽视理论指导、理论分析也是不行的。缺乏理论指导，使得教育科研往往流于皮毛，流于形式，不深入，层次不高。对于教育实践的研究过程必须在正确的理论指导下才能取得成效，研究的结果必须经过理性分析，上升到理论上才有普遍指导意义。中小学教师进行教育科研，特别要注意学习教育理论，进行理论分析，不要把研究范围局限在狭小的实用范围内。反之，也要重视实践，否则就会容易停留在宣传、解释、注释教育方针、政策上，难以形成有说服力、有科学根据、又能指导教育实践的理论。

因此，论文的撰写要将理论和实践有机地结合起来，将第一手教育资料提炼后的思考，由感性认识上升到理性认识，在总结经验、选择经验、分析经验、论证经验的基础上，把收获最大的一点、体会认识最深的一点、做法最有成效的一点，抓住其本质，进行思考和挖掘，并且要上升到理论的高度，形成自己独特的观点、论点，并在经过论证之后，使原有的"经验"转化为具有概括性、独创性、理论性的论文。[1]

正确选取、运用理论依据 ／

理论依据即课题研究的依据，是选题论证的依据，是研究者对所研究问题预先赋予某种假设的理论依据和指导研究过程的理论依据。

在选取理论依据时要防止出现以下四种情况：无"论"可依，有"论"难依，大"论"小依，有"论"不依。

所选取理论的科学性、先进性、针对性和理解的深刻性直接关系到教育科学研究的水平。而且教育理论都有很强的时代性和现实针对性，有的还存在其局限性，运用时不能拈来便用。[2]具体做法如下：

第一，教师应针对所筛选的教学问题从范围广泛的中外教育理论和实验成果中优选有关理论材料，正确理解所运用的理论，力求做到言之有理，无论是批评还是质

[1] 孙菊如，周新雅编著.学校教育科研.北京：北京教育出版社，2007 (9,173) .

[2] 孙菊如，周新雅编著.学校教育科研.北京：北京教育出版社，2007 (8) .

疑，都要有严谨的论证和确凿的证据，或者进行严密谨慎的推理。

第二，在论文中可以选取一些具有普遍指导意义的教育理论，如《学记》中的"教学相长"理论，霍华德·加德纳的"多元智能"理论等。也可以是一些"思想化"了的教育理论。即那些将丰富的教育理论与自己的教育实践相结合而形成了个人的教育思想的那种理论。如苏霍姆林斯基，陶行知等中外教育大家们的教育思想，或者是那些充满实践智慧的教育理论。如叶圣陶的"教材无非是个例子"等，因为这些都是针对教育问题的教育理论，所以用起来会更容易，也会更贴近教育实际[1]。

第三，教师个体结合具体教学实际，做出对理论材料的个体选择，并确定改进教学所采用的主要操作因素。

第四，不要对某个理论进行全面的讨论，可以针对理论的某一点展开具体的讨论，不要妄求做到面面俱到，更不能对多个探讨的理论进行彻底的否定，要辩证全面地看待问题。

教师只有在正确领会理论的基础上，才能根据所设计的操作步骤进行观察和反思。教育研究论文的一类写法是在理论后面以例子作为佐证，这种文章是没有意义的。因为已经经过实践检验的理论是无须教师再以例子来证明。真正有意义的研究的理论应融会在一个个具体的教学实践中，它是教师观察问题的出发点，是教师采取具体措施背后的原则，是教师解决教学实际问题的工具。[2]

教育论文的理论性是撰写教育论文的一个最基本原则。所谓教育论文的理论性是指论文的理论色彩，以教育科学理论分析研究教育现象和问题，形成有理论高度的论文。在具体表达科研成果上，要符合教育规律、教育原则的新要求；要从具体事物出发，把感性的东西上升到理论高度来分析，做出科学的结论，做到以理服人；要在教育领域的现象和问题的探讨论证和表述的过程中，运用现代教育学、教育心理学、学校教育管理学和专家对教育的论述以及专业性名词术语、理论概念，并溶化或融合为

[1] "教育理论与教育实践脱节"的深层分析.教育学术交流群.http://blog.sina.com.cn/s/blog_5151330501008jxp.html(2012/3/18)

[2] 程晓堂.与中小学英语教师谈论文写作.基础英语教学, 2005.1.

论文的内容，使论文具有较浓的理论色彩。所以，理论性是教育论文深度的标志。但一定要深入浅出地表述复杂的科学道理；要用通俗简明、生动形象的语言让读者感到平易能读，平实易懂，使论文发挥交流、传播、推广科研成果的作用。

理论是一篇文章的基础，有如一个人的骨骼，支撑着整个人，而理论则支撑着整篇文章，对理论合理，恰当的运用，会使文章有说服力，做到有理有据，使其既具有一定的理论价值，也具有一定的实用价值，既在理论上站得住脚，也能更好地运用于实践。

平衡论文结构 ／

论文不仅讲究结构完整，还讲究结构上的对称与平衡，防止结构失衡。明乎此，就可以知道防止结构失衡的办法是详审内容主次的安排，理顺问题的层级，均衡同级别的文字数量。

结构平衡的标志：一是内容平衡，即论文的内容主次安排得当；二是层次平衡，即同级标题所讨论问题在同一级上；三是文字平衡，即同级标题所运用文字大致相当。[1]

平衡论文结构主要应遵循以下几条原则：

首先，最根本的一条是要加强自然逻辑思维能力的锻炼，使思维具有清晰性、连贯性、周密性、条理性、规律性。

其次，要制定写作提纲，将头脑中的东西用文字固定下来。按提纲写作，思路连贯清晰，论文流畅贯通。

再次，要紧紧抓住中心论点不放，一切以中心论点为依据，将其贯穿论文的始终。[2]

最后，恰当运用小标题会使文章结构更清晰合理，从而会增强文章的可读性。无论什么文章都要合理使用小标题且参差要清楚，同一层次的小标题要么统一使用名

114

---

[1] 李冲锋.教师教学科研指南.上海：华东师范大学出版社，2009.(185).

[2] 王铁友.论文写作常见问题及纠正.http://www.9ask.cn/blog/user/wty131/archives/2010/118236.html (2012/3/23)

词短语，要么统一使用动词短语，一般不使用完整的句子。各级小标题应单独列出，而且小标题不宜过长。

语言表达应准确、多样化 /

学术研究论文应形成多种语言的表达形式，具体地说要具有规范性，其中规范性的知识可采用类似于方案、计划、策略一类知识语言表达形式予以表达。学术研究论文的语言要体现深刻、严密的特性，富有逻辑性、哲理性的陈述性知识可采用类似于哲学等有着深刻哲理的语言形式予以表达。

语言文字的精练与否直接影响论文内容的表达，因此语言文字一定要有准确性和可读性，要注意词语、段落间的逻辑结构。学术文章的语言必须精练。语言精练是标准，可以鲁迅先生所说的"将可有可无的字、句、段删去毫不可惜"来衡量。法国作家福楼拜则明确给出了数量标准："不论我们说的是什么东西，要把它表现出来，只有唯一的名词；要赋予它动作，只有唯一的动词；要赋予它性质，只有唯一的形容词。我们应该苦心搜索，非要找出这个唯一的名词、动词、形容词不可"。这就是最科学、最精辟的唯一性标准，亦即用词最少标准。

语言表达能力的提高也是需要经过训练来完成的，这就需要我们在平时的生活、工作、交流中多听，多写，多积累，要根据不同的文章类型来推敲文章的语言。

合理引用教育资源 /

在前人研究的基础之上，我们通过自己的经验，创新产生此新的科研成果，这都是通过我们数代教育工作者共同努力实践的结晶。同样中小学教师在撰写论文的过程中也同样会借鉴别人的研究成果，但是我们应注意在引用他人论文著作中的材料、论据、观点等研究成果时，都要清楚地加以说明，严格按照论文的写作要求对引文的出处进行标注。还有的教师在论文中大段大段地自然链接他人的观点，虽然加上了引号、注释，其实是变相抄袭，也是论文之大忌。因此在《著作权法实施条例》中就规定，适当引用他人已发表的作品，必须具备下列条件：

首先，引用的目的仅限于介绍、评论某一作品或者说明某一问题；

其次，所引用部分不能构成引用人作品的主要部分或者实质部分；

最后，不得损害被引用作品著作权人的利益。

对论文中引用他人作品的，即引文要标明出处。所谓引文，是指在论文写作中，由于论述上的需要而摘引一段或几句他人的著作或论文的原话，这种摘引必须加以注明。

引文的类型

观点摘引 在自己的论文中引用著名的教育家、专家等的教育、教学的观点、思想。这种摘引可作为论点，也可作为论据。

论据摘引 在自己的论文中引用他人著作或论文中的材料，作为自己论述的根据。这种摘引，可以是事例、调查、研究结果，也可以是图表、数据等。

研究方法的摘引 在自己的论文中引用别人著作或论文中的某种调查、研究方法来解决自己的研究课题。

引用方法

直接摘引 把别人著作或论文中能证明自己观点的论点或论据摘引出来。这又分为两种：一是段中引用，把引用的原文放在一段之中，并加冒号和引号。二是提行引用，把重要的或强调性的引文提出来自成一段，书写时比正文缩两格，不用引号。

间接引用 这是引用原意而不是原话，不用引号，只用冒号或逗号。教科书上的基本理论不算文献，引用时可不加注释。摘引必须忠实原文的本意，不可主观臆断，断章取义；摘引要力求精当，不能连篇累牍，淹没了自己的观点。

因此，对于论文的观点、材料等的借鉴一定严格按照要求标明出处，这是对他人科研成果的尊重，也是对自己成绩的肯定。

加强学术道德建设 /

在从事科学研究的过程中，应严格遵守中华人民共和国《著作权法》、《专利法》、中国科协颁布的《科技工作者科学道德规范（试行）》等国家有关法律、法规、社会公德及学术道德规范，要坚持科学真理、尊重科学规律、崇尚严谨求实的学风，勇于探索创新，恪守职业道德，维护科学诚信。

学术道德建设应包含三个方面的工作：第一是有效建立规范合理的学术体系，理顺学术行为主体的各种社会关系；第二是道德体系本身的构建，主要包括能被整个社会和学术共同体所认可的道德理念的重塑和道德原则的构建以及切实可行的规范体系的建立和完善；三是培养可执行道德原则和道德规范的学术行为主体。教师的学术道德建设与整个学术界的道德建设互为前提和条件，其目的在于培养具有强烈的道德自觉性、充分了解相关学术规范并具有道德行为能力的学术新生力量，并带动整个学术界的道德建设改革，从而为推动一个良性循环、可持续性发展的学术生态圈的建立提供充足的道德氧气。[1]

要使教师能在论文撰写的过程中严格遵守学术道德规范，应从以下几方面做起。

提高中小学教师的道德素质

中小学教师从事教育科研，应该严格遵守学术道德规范，首先要具备较高的科学精神和严谨的治学态度，要求教师坚守诚信的原则，将学术道德建设这一严肃问题落到实处，从小事做起，切实提高教师自身的道德素质，增强教师的自律意识。

加强学术立法

加强学术道德的建设，应该适当应用法律强制手段加以保障，学术研究是一项重要的社会性活动，也应该依法办事，因此国家立法部门应进一步完善和规范学术立法，使教师在论文撰写过程中的学术道德有法律约束，有助于切实维护知识产权，在

---

[1] 学术道德.http://baike.baidu.com/view/1841035.htm (2012/3/28)

法治的基础上,维护正常的学术研究秩序。

建立健全的学术惩处机制

教育部《关于加强学术道德建设的若干意见》明确提出要"建立学术惩罚制度",并规定:"对违反学术道德的行为,各级教育行政部门和相关机构一经查实要视具体情况给予批评教育,撤销项目,行政处分,取消资格、学位、称号,甚至解聘等相应的处理和处罚。"目前学术剽窃等问题之所以泛滥成灾,很重要的原因之一就是没有给予必要的处理和处罚,因此应建立健全的学术惩罚制度,不能仅仅停留在表面,应拿出行之有效的惩罚措施,加强教师的学术道德建设。[1]

"用心血做学问,用生命写文章"(北大校长许智宏院士语),应当成为学界中人的座右铭。因此教师首先应做到学术自律,教师不仅仅是传道、授业、解惑,更应该在学术人格上起到表率作用,做到实事求是,不弄虚作假,不抄袭剽窃,使学术氛围更加的纯洁。对于这一问题,我们可以参看有关规范:

案例4-2

学术道德规范[2]

(一)在学术活动中,必须尊重知识产权,充分尊重他人已经获得的研究成果;引用他人成果时如实注明出处;所引用的部分不能构成引用人作品的主要部分或者实质部分;从他人作品转引第三人成果时,如实注明转引出处。

(二)合作研究成果在发表前要经过所有署名人审阅,并签署确认书。所有署名人对研究成果负责,合作研究的主持人对研究成果整体负责。

(三)在对自己或他人的作品进行介绍、评价时,应遵循客观、公正、准确的原则,在充分掌握国内外材料、数据基础上,做出全面分析、评价和论证。

(四)尊重研究对象(包括人类和非人类研究对象)。在涉及人体的研究中,必须保护受试人合法权益和个人隐私,并保障知情同意权。

[1] 杨玉圣.学术腐败、学术规范与学术伦理——关于高校学术道德建设的若干问题.社会科学论坛.2002.6

[2] 学术道德规范.http://baike.baidu.com/view/6087036.htm.(2012/4/23)

（五）在课题申报、项目设计、数据资料的采集与分析、公布科研成果、确认科研工作参与人员的贡献等方面，遵守诚实客观原则。搜集、发表数据要确保有效性和准确性，保证实验记录和数据的完整、真实和安全，以备考查。公开研究成果、统计数据等，必须实事求是、完整准确。对已发表研究成果中出现的错误和失误，应以适当的方式予以公开和承认。

（六）诚实严谨地与他人合作，耐心诚恳地对待学术批评和质疑。

（七）对研究成果做出实质性贡献的有关人员拥有著作权。仅对研究项目进行过一般性管理或辅助工作者，不享有著作权。合作完成成果，应按照对研究成果的贡献大小的顺序署名（有署名惯例或约定的除外）。署名人应对本人做出贡献的部分负责，发表前应由本人审阅并署名。

（八）不得利用科研活动谋取不正当利益。正确对待科研活动中存在的直接、间接或潜在的利益关系。

因此，作为教师，在撰写论文时，必须做到：树立法制观念，保护知识产权，尊重他人劳动和权益。严于律己，不在未参加工作的研究中署名，不虚报教育教学和科研成果，不以任何不正当手段谋取利益。严格遵守教师论文撰写中的学术道德。

思考与实践

1.谈谈您在写作科研论文时经常出现的问题有哪些？您是怎么解决这些问题的？

2.您认为在您的写作过程中还存在哪些问题？

3.您认为如何加强自身学术道德建设？并请您谈谈加强学术道德建设的必要性。

4.本章内容对您有何启示？

/ 课题的撰写与论证

本章在对课题及其来源进行概述的基础上，系统介绍了课题研究选择的原则、课题研究的设计以及课题开题报告的书写与论证。课题指通过探究过程而有待加以解决的问题。选择课题一定要遵循独创性、科学可靠、有用性及可行与否的原则。选择一个好的课题对研究有非常重大的意义，要想搞好教育科研，教师必须了解教育科研的全过程以及每个环节上的具体要求，因此本章着重介绍了课题开题的设计细节，对此进行了详细阐述。

/ 课题研究的选择 /

中小学教师在学校开展教育科研活动，除写作教育论文外，课题研究也是进行教育科研的一种基本方式，选择一个好的课题，展开分析并进行不断深入的探讨，对于教育科研具有重要意义。

课题及其来源 /

选择和确定科研课题是进行科研的一个重要环节，它决定着整个研究的方向和水平。而选择一个什么样的科研课题，也可以看出所从事研究的教师能力的高低。

课题一词，在《汉语大辞典》里的解释是研究或讨论的主要问题或亟待解决的重大事项。而科研课题一般是有明确而集中的范围、研究动向及期待任务的研究课题。

课题的类型可以从以下多方面加以阐述。根据其涵盖的范围大小，可以分为：宏观性研究课题、中观性研究课题和微观性研究课题三类；根据其所处的状态，可分为热门课题、冷门课题、普通课题和重点课题四类；根据它的功能方向，可分为基础理论课题、应用理论课题、开发性课题和研究性课题；根据研究的广度和深度，可分为描述性课题、因果性课题、迁移性课题和理论性课题等。[1]

作为教育科研课题，其大的背景就是基于教育教学实践，因此教育教学过程中所遇到的疑点、困惑、难点等都有可能为课题的选择提供素材。关于课题选择途径的研究，不同的学者提出了不同的观点，大致分为以下几个方面。

从教师本人的教育工作经验中选题

教师是教育教学的主体，每天奔波于教育第一线，因此他们在教学中会遇到这样或那样的实际问题，这些问题往往会成为重要的课题来源。教师根据自己的教学经验能很好地了解学生、了解问题出现的原因、了解其影响因素等等，这样的课题会具有很强的应用价值。中小学教师可以从以下三方面进行选题。

(1) 从实际问题中选题

从实际问题中选题，是指教师在教育教学过程中碰到了问题或遇到实际困难，在反思中确立课题。如《优等生和后进生学习过程特点的比较研究》，《城乡小学生学习资源对比差异研究》等。

(2) 从疑点发现中选题

从疑点发现中选题是指教师要善于留心教育、教学中的疑点，来不断发现新的教育课题。要求教师在教学实践活动中要敢于质疑、敏于探究，例如《中学生自我判断能力培养教育的研究》。

(3) 从工作总结中选题

教师本人可以从自身的教育教学经验总结和优势特色中去确立课题，如《多媒体背景下板书艺术的优势研究》这一题目，就是教师在日常教学实践中，寻找到的研究

122

[1] 王文良.新课程教师教育科研和创新能力培养与训练.北京：人民教育出版社，2004 (91).

问题。

从专家或学者的指导建议中选题

有些课题是由研究者教师共同参与、彼此合作完成的。高理论与强实践结合，在这个集体中，教育学者会给教师很多学术理论指导与讲解，教师结合实际经验进行分析理解，因此，一旦他们思维的火花发生碰撞，课题很可能就产生了。

从他人教育的成功经验和失败教训中选题

教师不仅可以从自己的实践经验中得到启示，还可以从其他同行以及国外教育改革等的成功经验和失败的教训中得到灵感。古史有云："以人为镜，可以知得失"。了解他人的研究可以开阔自己的视野、体会问题出现的缘由、明确所研究问题还没有达到的目标等等。因此这样的都可以成为选题的来源。

从专业理论、教育文献中选题

随着时代的发展与教育改革的进行，教育学科不断地得到完善、成熟；教育理论亦得到了不断的深化、丰富。教师在学习教育理论时，通过自己的认识及联系教育实际更能揭示教育理论内部的逻辑关系；还可以对传统的教育理论提出质疑和批判。并且通过阅读教育文献，教师可以了解针对某一教育问题的不同观点、看法和争论，从而激发出自己的智慧火花，提出新的研究课题。如《外语教学理论与中国中小学英语教学改革研究》、《中小学实施素质教育中乡村资源利用的研究》等。

从教育变革及社会发展中选题

进入21世纪，社会各方面的变革速度不断加快，教育领域也受到强烈的影响。社会的进步更要求教育能更好地发挥助推器的作用。而近年来教育"热点"问题层出不穷、纷杂的社会现象此消彼长、家长及社会对教育提出的要求越来越多，这些社会生活实际都为教育科学研究提供广阔的选题空间。好的教师要善于从中发现教育现象，捕捉教育问题。

从有关部门直接派出的课题及课题指南中选题

某些时候，由于对某一教育现象研究的需要，教育部门会向学校及研究者个人提供指定的研究课题，而且国家领导机关也会在一定时候指定一些课题指南，例如全国

教育科学规划领导小组提出的全国教育科学规划课题指南等。下面是全国教育科学"十一五"规划2009年度课题指南。

案例5-1

全国教育科学"十一五"规划2009年度课题指南[1]（节选）

一、国家重点招标一、课题（10项）

1.教育改革的理论研究

2.区域内整体推进素质教育的实验研究

3.构建城乡一体化的教育体制机制研究

4.城镇化进程中的教育变迁研究

5.区域内义务教育均衡发展的实证研究

6.加快普及高中阶段教育的条件保障研究

7.学前一年教育纳入义务教育的条件保障研究

8.高等教育发展性评价研究

9.创设"以人为本"的学校教育教学制度研究

10.学生网络生活方式的现状调查与对策研究

二、一般课题

(一)教育基本理论与教育史

1.教育改革发展中的"中国经验"研究

2.教育理论前沿问题研究

3.现代教育思潮和教育流派研究

4.现代教育对社会分层流动的影响研究

……

(二)教育发展战略

1.建设教育强国（省、市、县）的战略研究

2.城乡教育一体化战略研究

124

---

[1] 全国教育科学"十一五"规划2009年度课题指南.http://www.doc88.com/p-692165227311.html
(2012-4-1).

......

(三)教育经济与管理

(四)基础教育

(五)高等教育

(六)职业教育

(七)德育

(八)教育心理

(九)体育卫生艺术教育

(十)教育技术与传播

(十一)成人与社会教育

(十二)民族教育

......

课题研究选择的准则 ／

选择教育研究课题并不是无章可循的,它一定要遵循一定的准则以保证所选的课题具有研究的意义。

独创性

要想使所研究的课题有价值,首先必须使所选的课题具有独创性的特点。陶行知先生曾说过:"处处是创造之地,天天是创造之时,人人是创造之人。"因此,进行教育科学研究时,教师一定要具备一定的科研创新意识,教师在进行科学研究选题时,要选择那些可以带来新见解、新发现、新观点的课题,同时也要使所探讨的观点能标新立异、推陈出新。只有不断的创新,才能使教育科研不断向前发展。

科学性

所谓科学性,也称为合理性。是指所选的课题一定以客观事实为依据,有科学的

指导思想和明确的研究目的。也就是说，课题不能是研究者凭主观想象虚构的教育现象、问题或没有科学合理的相关理论、规律作指导就对研究内容进行分析。

实用性

实用性又叫有用性、价值性。实用性是确定教育研究课题最重要的原则。就是说我们所选的课题一定是有实际用处、影响深远的内容，如果确定的选题没有用处的话，那么这个课题就可研究可不研究、没有什么实际意义了。

那么，什么样的课题具有有用性呢? 很多学者认为，可以从以下三点加以判断。

首先，对理论有深化、补充的作用。教育科学研究所确定的课题应符合教育科学发展本身的需要，能从新角度、多层次去充实、补充和完善教育理论。由于人们认识和社会发展的阶段性和局限性，以前人们所得出的研究成果和规律总结往往在不断发展呈现出许多偏颇与不足，因此我们所确定的课题要有利于修正和发展教育理论。

其次，对实践有指导作用。这里是指所确定的选题要直击教育教学发展的现状，此项研究能有利于教师自身素质提高，学生身心健康发展，教育本身的实际问题得到有效解决。针对影响教育工作发展的实际热点问题进行研究，可以更好地推进教育改革，促进教育事业不断向前发展。

再次，具有综合作用。这里的综合作用，是指所选的课题既要有理论价值，又要有实用价值，只有理论联系实际的科研课题才是最科学的。

可行性

可行性是指所选的课题是能行得通。这是要求课题本身要具有被研究、解决的可能性。可行性其中蕴含了三方面的条件。

研究者自身具备的条件

研究者自身具备的条件直接决定了课题研究的深度与广度，研究者自身具备的条件主要是指研究者本人的专业素养，如研究者所储备的专业知识、科研意识、研究能力和工作经验等，同时还包括从事研究的教师对搞科研是不是感兴趣和他是否掌握了丰富的专业材料等潜在因素。

时间是否允许

搞科研必须有一定的时间做保证。教师在进行研究时，要把握好日常上课和课后搜集资料的时间冲突。并且进行教育科学研究是一个长时间的过程，需要不断的调查、分析等，教师是否拥有足够的时间完全投入到科研中来，也是需要考虑的问题。

外部条件

主要指是否有足够资料储备、经费够不够用、设备齐不齐全等。还包括研究者之间的合作问题和进行研究的科学上的可能性问题。

/ 课题研究的设计 /

谈到课题研究的设计，首先我们要了解什么是"设计"，从广义上讲，设计是对所提出的研究的具体策划与实施方案。课题研究设计是指对课题进行整体构想，将研究问题具体化为全程的研究程序与步骤，帮助研究有可能成为现实。

课题设计的构成 /

课题设计的大致构成有如下几个方面：

名称要具体明确　课题的具体题目要求很严格，一定要具体、准确、没有歧义，而且字数一般不超过25个字，一般不设有副标题。

目的及意义　阐述研究的背景，分析国内外研究现状，并说明为什么进行研究、研究的价值是什么，本项研究解决什么问题等。

研究所涉及的具体问题　主要包括研究理论、研究假设，还要指出研究主题及其变量之间的关系。

界定关键概念　表明课题所研究的对象的总体范围、对研究对象的模糊概念进行界定（如"后进生"）等。

研究所要达到的目标和具体研究内容　　确立研究要达到的总体目标与阶段性目标,提出课题研究的具体内容,形成一系列子问题体系,以从不同维度实施研究。

研究方法的选用　　在研究中具体涉及到哪些研究方法的使用,如一般常见的文献法、比较法、实验法、调查法、访谈法等,根据实际操作情况灵活运用,如实填写,切忌为了看起来方法种类多而随意列举文中并未使用的方法。

研究人员　　明确课题组成员及分工,可遵循"老青搭配"的原则等。

经费问题　　对经费作出合理的预算分配方案。

研究成果展现形式　　阐明预期的科研成果形式以及数量,如论文、教育经验总结、研究调查报告等。

资料附录　　列举研究者在研究过程中掌握并使用的研究资料与参考文献,有时还需将文中涉及到的问卷、访谈提纲等也作为附录的形式呈现在文章后面。

案例5-2

《小学数学创新教学活动探索》课题研究方案[1]

惠农小学　寇红芳

一、问题的提出

"创新是一个民族发展的灵魂,是国家兴旺发达的不竭动力。"这是江泽民同志对基础教育提出的要求,也是对教育发展的期盼。早在20世纪初,一些发达国家就开始重视从小培养学生的创新意识和实践能力。我国在2000年修订的新《大纲》中,已将"培养学生的创新能力"列入教学总要求中。随着新课程的走进,在宽松、民主的教学氛围中,学生的奇思妙想,大胆质疑有了展示的机会。可是长期以来,受应试教育的影响,教师的教育观念还没有完全转变,在课堂上面对学生的激越表现,或束手无策,不知如何调控;或疑虑重重——这样放手让学生去发现、归纳、总结,教学时间能保证吗? 错误的猜想,会不会影响新知识的学习等等。与之相应的问题也出现了,在新的课堂教学中,要解放学生的手、口、脑,让他们大胆说、大胆想,可是他们却不知从何说起,怎样说,怎样想,要么一言不发,沉寂如死水,要么胡猜乱想,偏离主题,主要因为学生还没有具备最基本的创新学习

128

---

[1] 寇红芳.《小学数学创新教学活动探索》课题研究方案. http://www.guochengzhi.com/ketizhidao/xx/201010/4326_2.html (2012-4-4)

方法,没有形成正确、有效的分析、思考的能力。在这样的教师和学生组成的课堂上,学生能力的培养、素质的发展只能束之高阁。创新教育也只能是海市蜃楼,一句空话。

因此,要培养适应社会发展需要的创新人才,教师首先要掌握开展创新教育的策略,同时注重培养学生的创新意识和能力,使他们掌握创新的思维方法和与人合作的技巧。

二、课题的界定

本课题研究限定在小学数学教学领域,适合于2—6年级的7—12岁的在校学生,其中重点放在8、9—12、13岁的三、四、五、六年级的学生。

创新教育活动:一方面指教师组织、引导学生进行创新学习,激发学生创新意识的教学活动;另一方面指学生学习过程中的创新活动和创新意识所体现出来的思维品质。新大纲把小学阶段的"创新"界定为"创新意识"。创新意识是指一种积极发现问题,积极探求真理的心理取向,它反映的是一种意愿。数学是科学思维的工具,因此创新意识也必然反映在创新思维方面。所谓创新思维,就是针对一个问题有不同的解决方法,或能从不同的角度去分析。在小学数学教学中,这种创新思维则是学生自己去经历学习的过程,用自己的方法去探索问题:正如著名的荷兰数学教育家弗赖登塔尔所言"学生用自己的思维方式重新构造数学知识,就是再创造"。因此,"创新"在小学数学课堂上,并不是高不可攀的创造,而是一种经历未知到已知的心理体验,从发现问题,提出问题,直至解决问题的探索过程,以及大胆质疑,迎难而上的心理品质的组合体。在课堂教学活动中,教师不仅要设计能激发学生创新意识,培植创新能力的课堂氛围和教学情景,而且要使学生掌握创新学习的方法,初步具有创新的意识。

本课题研究的目的:一是为教师寻求如何设计、组织创新教学的措施,培养学生的创新意识;二是让学生会创新,即掌握创新的学习方法,并具备良好的思维品质,促使学生自主探究能力的有效发展。所以,帮助教师掌握创新教学活动的课堂教学设计是自变量。学生学习的自主性,创新思维能力及思维品质发展是应变量。

三、研究假设

我们的设想是依据《数学课程标准》中1—3学段的目标和小学生的生理特点,先确定出各学段教师应掌握哪些引导、组织评价学生积极大胆"创新"的教学策略(完成教学目标而采用的教学顺序，教学活动程序，教学方法，教学活动组织形式等），以及相应的学生应具备学习方法和思维能力。比如，低年级教师应掌握的教学策略是如何设置与教学内容相适应的又能激起学生兴趣、好奇心的教学情景，学生应具备初步视图，动手操作，有序思维等能力，并进行归纳整理，接着设计出各年段便于操作和掌握的创新教学方法和学习方法，并在此注意如何激励学生进行创新活动，最终使学生的创新思维与创新意识得到同步发展。

在帮助学生掌握"创新"学习策略，形成创新意识，培养创新思维的同时，教师要转变观念，相信学生，并要善于抓住课堂出现的每一个培养学生创新能力的契机。适时引导、点拨，为学生创造一个主动探索、大胆创新的开放式的教学氛围，更好地推动新课程标准的实施。

创新教学是师生协调的一种教学活动，很大程度取决于教师的引导和组织。因此教学过程中，教师要充分发挥创造性，设计探索性和开放性的问题，并相信每一位学生都是一名创造者，使学生敢想、敢说、敢做。特别要注意创设能激活学生思维的问题情景，起到"一石激起千层浪"的效果，并留给学生充分的思考时间，面对学生提问，教师要学会倾听，随机应变。当学生思维出现偏差、困顿时，要适时、恰当的引导，帮助他们走出思维的沼泽地。此外还要鼓励学生大胆质疑，学会倾听不同意见，敢于发表不同见解，会与人争辩，同时发展他们与人合作、交流的能力。

总之，在创新教育的课堂上，不仅注重学生创新意识的培养，积累激发学生创新意识的教学方法，还要教给学生创新学习的方法，使学生不只敢创新，而且会创新。

四、理论依据

(一)《数学课程标准》

《数学课程标准》中的总体目标中指出，"使学生形成解决问题的一些基本策略，体验解决问题策略的多样性，发展实践能力和创新精神。"创新教育的主旨就是掌握解决问题的方法，发展思维的多样性，以及多样性中的统一性。

(二) 心理学依据

创新是人的本质特征，是自我发展、自我显示的需要。每个人都有一种独立探求未知世界、克服困难的心理趋向，只在一次次失败和挫折的面前，这种心理渐渐地隐藏了起来，如果获得一定的思维方法和基本技能，问题的解决成为他能力范围之内的事，这种创新的意识将是他解决问题最主要的动因。

而经历挫折、失败后取得的成功，会使人产生一种成功者的喜悦。在教学实践中，教师恰当的引导，往往能够激活学生的思维，每个学生都想通过自己的努力去解决面前的问题，同时又想找到与别人不同的方法，所谓"标新立异"，以此得到教师和同学的认可，教师的激励、同学的赞许，往往又会成为他进行再创造的心理动因。

(三)"创新"教学的理论

创新教学的开展，首先要有敢于创新的教师，营造一种良好的创新氛围。作为创新型的教师必须要做到以下几点：

1.与学生和谐相处，使学生具有"创新"的心理安全。心理学研究表明：学生在宽松、和谐、自主的环境中学习，才能思路开阔，思维敏捷，主动参与学习活动，迸发创新火花。

2.以学生发展为课堂教学主旨，使学生成为创新主体。摆正教师学生各自的位置，使学生成为学习主人，他们就会自主学习，勇于创新。

3.注重学习方法的指导，让学生会创新。没有方法指导创新，只能停留于"胡猜乱想"的层次，因此，在教学中，教师不仅要为学生思维的开启设置契机，恰当、适时的对学生的探索活动给予引导和评价，而且要注意学习方法的渗透和归纳。这里所说的学习方法包括内在的思维方法（如分析法、比较法、迁移法、转化法），也包括外显性的学习方法（如动手操作，合作交流，质疑问难）等。在教学中，有些教法也是学生的学习方法，教师注意引导学生内化、积累，以便于在创新学习中选择合适的方法探究问题，不断提高创新学习的能力。

(四)"创新"学习的理论

学生在学习中的创新，首先表现为他们在学习活动中的自主探索行为，有明确的努力方向（需要解决的问题）和一定基本技能和思维方法，就能够积极思考，主动与同伴合作，积极与他人交流，克服困难，找到解决问题的途径，不断积累创新经验，形成初步的创新意识。因此,学生进行创新学习,必须具备扎实的基础知识和基本技能以及良好的心理品质,坚信自己是一位成功者,胜不骄,败不馁,这样才能以成功者心态,努力进取,大胆创新,成为最终的成功者。

五、研究方法和研究对象

(一) 研究方法

本课题具体实施方案过程主要采用行动研究法。在实验中还要用到的辅助研究方法有:

1.文献资料法:学习相关的文献资料,了解课题研究的最新成果,借鉴利用,掌握课题研究的理论依据。

2.调查分析法:在实验班级、教师中开展调查、问卷、讨论、对比等活动,及时发现不足,搜集成功事例。

3.经验总结法:及时小结,做好各阶段的总结工作,完成相应教学论文等。

(二) 研究对象

拟定在我校的一、三、四年级中开展此项实验,其他同校年级为对比班。

六、实验目标

在教学中边摸索边实验,扎扎实实地学习相关的理论文献,指导实验活动,并虚心向专门从事教研活动的教师请教,探索出开展创新教育的课堂教学思路。并使学生掌握基本的创新思维方法,形成初步创新意识。同时,教师具备激活课堂气氛,制造悬念,适时点拨,合理调控,正确评价的能力,成为新型的创新教师,培养出与社会发展接轨的创新人才。

七、研究程序

本课题拟定三年完成,分三个阶段。

第一阶段:实验准备阶段,2002年3月——9月。主要任务有:学习理论,转变教学观念,通过听课、问卷,对实验教师和实验班级情况做摸底调查;根据学生年龄特征和当前课堂教学的现状,初步制定出各年级的实验计划和实施措施;在教学中,定期组织教师讨论、交流，不断完善操作方法和教学思路，为具体开展实验做准备。

第二阶段：实验研究阶段，2002年9月——2004年9月。本阶段主要任务是将课题研究付诸于课堂教学活动中，具体做法是定三个班级，实验教师根据各年级课程标准，以及学生的年龄特征，在课堂教学中开展相应策略创新教学活动，依据课堂上的信息反馈和课后反思，不断改进实验方法和教学技巧，营造浓厚的创新氛围，同时注意学生各种思维能力训练和正确的学习方法、良好学习习惯的培养，并注意回收信息。课题负责人坚持每月至少听两次实验教师的课，召开一次研讨活动，学期末每人交一份实验总结。

第三阶段：总结阶段，2004年9月——12月。主要任务是统计分析各种数据、资料进行总结，提交课题研究报告。

八、成果形式

主要是以课堂教学实录、研究报告、论文集这三种形式来体现。

九、保障措施

课题研究工作是在我县教育体育局和教研室的直接领导下进行的。

1.课题组成员具体分工是：

张惠斌：聘请为承担此课题理论指导工作。

寇红芳：主要负责人，全面策划，制定课题研究的各项工作计划，具体实施措施以及组织学习，收集资料，召开课题会议，撰写实验报告等。

赵雪玲、王宝银、李翠兰、张海忠：主要的实验实施者，根据方案的要求，参加学习，参与实验，并收集资料，撰写论文等。

2.主要参加者介绍

聘请小学高级教师张惠斌，对该课题进行理论指导。他从事小学数学教学研究多年，有丰富实践经验和较高理论水平，并有多篇论文获全国小学数学教学论文评比一等奖，指导课题理论研究最适合。

该课题负责人在小学数学教学领域已工作十三年，有丰富的实践经验和夯实的理论知识，曾先后多次受到教育部门的奖励，并有论文《精心设计练习，激发创新意识》获全区一等奖、全国三等奖,并担任着学校的数学教研活动。其他成员都是本教第一线骨干教师,有扎实的专业理论知识,丰富的教学经验,并且有一定的教学科研能力,和积极进取的敬业精神,使课题开展具有时间和能力的保障。

3.经费预算及其保障措施

本课题研究经费预算是2000元,其中资料费约400元,出外听课经费300元,打印费500元,其他经费用300元。这些经费由上级教育主管部门学区和教育体育局合力筹措,并由教研室课题负责人对经费的管理使用做宏观的调控,使有限经费合理利用。另外,500元经费由参与者和实验学校筹集,并由各学校领导负责经费划拨到位,使经费得到管理与监督。

课题设计的操作

在对课题有了大致了解后,我们再介绍课题设计的具体操作步骤。一般来讲,课题设计一般包括以下几个程序:

对研究现状进行阐述

对本课题当前国内、国外的相关研究进行综述,主要是阐述国内外曾有谁对这个问题进行过研究,他们都是从哪些角度进行研究的,都取得了哪些研究成果或存在着哪些缺憾,这些学者曾总结出了哪些重要的学术观点。阐述研究现状目的是在这些研究成果的基础上能有所突破,找到新的落脚点和切入点;或者探寻已有研究存在的不足,以使自己的研究有所创新,提出新观点、找到新方法、得出新理论。

界定课题的核心概念

课题界定即对课题研究的核心概念进行明晰,这里包括指明此概念的内涵外延,明确所要研究的对象,确定真正的研究范围。

所谓界定概念,是对那些别人不清楚、不易理解,容易产生歧义的概念进行界定。因为这些概念模糊不清将会使研究的目标与研究对象、范围、内容产生不确定性,直接影响到研究目标,研究方向,研究的信度与效度。而一些已被广泛使用或已约定俗成的词语则不需要特意加以界定。

选择研究的理论依据

理论依据是指课题研究的理论前提、理论支点。我们都知道，做一项研究必须要有理论作支撑。近现代的教育教学理论有很多，我们选择理论依据必须要讲究科学性和逻辑性，而且还必须要注意所选择的理论依据要与本研究有直接的联系。

设定课题的研究假设

选择好的研究假设的标准：科学性（是指研究假设一定要有一定的理论根据，而且还要合乎逻辑）、创新性（是指所做的假设要有创新意义，要勇于对变量之间的关系做大胆的设想）、易理解性（是指在表达上要简要明了）、可能性（是指假设所涉及的变量等是可以测量的、是可以被证实的）、预测性（是指所设定的研究假设是否正确要能有待于事实的检验）。

确定研究目标与研究内容

研究目标和内容是课题设计的主题与核心部分，是研究选题的进一步深化和细化。研究目标一种可分为初始目标和终极目标，还可以分为整体目标和阶段性目标。

研究内容要有强烈的问题意识，而且每一个问题都要具体，并且与研究目标紧密相关。研究内容的文字表述要用探究式的形式表述，而不要用陈述式，如"针对某一问题的研究"。

选择研究方法

在进行教育教学研究时，我们常用的方法有：教育观察法、文献研究法、个案研究法、教育调查法、行动研究法、质的研究法、案例研究方法等。

(1) 教育观察法。作为教育实践过程中的重要角色，教师几乎每天都要置身于教育情境中，这样自然而然在教育情境中，通过感官或借助于一定的辅助手段，在教学活动过程中进行有目的、有计划地对自己要研究的教育现象进行观察。

(2) 文献研究法。教师在进行教育科研时，一定要有目的、有根据地研读相关方面的大量文献，全面、准确地获得所研究问题的相关属性，并在前人研究的基础之上，夯实相关理论基础，开阔眼界，拓展思路，寻找自己的创新点。

(3) 教育调查法。在教育研究过程中, 有很多时候会涉及到搜集教育要素的相关状况, 教育调查法可以帮助教师有效考察教育问题或现状, 反映客观教育规律。所谓教育调查法, 是在科学方法论和教育理论的指导下, 通过运用问卷、访谈、测量等科学方式, 有目的、有计划、系统地收集有关教育问题或教育现象的科学认识的一种研究方法。[1]教师可以根据自己的教育科研实际情况, 有针对性地选择相应的调查研究方法, 辅之以正确的调查手段进行调查。

(4) 行动研究法。教育行动研究作为一种适用于对小范围内教育实践活动的探索性方法, 因其简便易行, 具有很强的实践性, 因此广泛运用于教育科学研究中。所谓教育行动研究, 是指由事务工作者在实际工作情景当中, 根据自己事务活动上所遭受的实际问题进行研究, 探索解决问题的途径和方法, 并通过实际行动付诸实施执行, 进而加以评价、反省、回馈、修正, 以解决实际问题。[2]行动研究通常是以实践经验为基础, 以小组合作的方式进行, 在短时间内显示其研究效能的一种研究方法, 我们在运用这一方法进行教育科研时, 可以有意识培养自己的教育研究意识和反思能力, 在对教育问题的不断深入探究中提升自己的教育科研能力。

(5) 个案研究法。在教育研究领域, 有时我们会对个别典型的, 或者某方面具有特殊代表性的学生、事例作为研究对象进行深入分析与研究, 例如对班级中的优秀生、后进生、有心理偏差的学生进行研究等, 再比如对某一个班级、某一个群体的研究等, 这时可以采用个案研究法进行研究。个案研究是指采用各种方法, 搜集有效、完整的资料, 对单一对象进行深入细致的研究过程。简而言之, 个案研究是指对一个或者少数几个研究对象进行的研究, 一线教师可以在教学实践活动中, 以生动的个案作为自我专业成长的阶梯, 从中诠释教育观念, 寻找教育发展策略。

预设研究成果

我们在进行研究时必须要有一定的理论回答作为支撑。在预设研究成果时, 要明确自己所要研究的成果是什么形式, 是论文还是专著, 其成果是否能够推动实际工

[1] 孙菊如, 周新雅.学校教育科研.北京: 北京大学出版社, 2007 (66).

[2] 蔡清田.教育行动研究.台北: 五南图书出版公司, 2000.7.

作,产生实际管用的效果等。

组建优秀的课题组

组建课题组是课题设计论证中的一个部分。在组建优秀的课题组时,要注意学科结构、年龄结构、专家与一线教师结合、行政领导一起参与等。

规范引用文献资料

标注参考文献是遵守学术规范的需要,也是课题设计必不可少的内容之一。在进行应用时要注意对本课题设计又能有针对性,按照学术规范引用参考文献时要标明作者、书名、文献来源、日期等。

/ 课题研究的基本程序 /

随着"教学兴校、科研强校"人才战略的实施,很多中小学教师也必须不断由"教学型"向"科研型"转变,而教育科研是一个严谨的科学研究活动。因此,中小学教师进行教育科学研究首先要了解教育科研设计的各个环节,严格按照研究程序的全过程进行,以保证研究的科学性和合理性。开始研究一个课题要按照以下程序进行。

组织课题组 /

有很多课题不是教师一个人能完成的,所以需要教师与其他同事或专家学者来共同协助研究,因此,中小学教师要重视组织课题组的作用。

课题组的人员组成

进行教育科学研究,其课题组的成员必须要有真正实际参加教育研究的人组成。这些人包括课题组长和其他成员。

课题组长是很关键的人物,这个人必须要有一定的领导能力和科研理论水平及专业素养,同时他要有足够的时间来进行教育科学研究。

其他成员则由研究的需要、任务强度的大小进行挑选。如果以一个班的学生作为被试来研究课题，那么这个班的班主任就必须要参加，因为他最了解这个班的情况，其余的任课教师可以酌情自愿参加，由课题组长同意即可。

课题组的组织原则

成员的科研素质"第一"原则

参加课题研究的成员不仅要有很高的理论水平和实践经验，更重要的是，他必须要具备很高的科研素质。科研素质包括对科学研究的兴趣、对新观念的理解能力、是否有钻研新事物的潜力以及与他人共同合作的容纳力。

课题组成员与其他教师关系融洽原则

这里主要针对一些不能所有人都参加的课题，课题组成员要搞好和其他教师的关系，从其他教师那里攫取需要的研究资源，要注意其他教师的情绪，对不能参加研究的教师进行更多的关注，定时向他们汇报一些研究进展、向他们请教研究中所遇到的困难和问题，让全体教师都实际融入到教育科研上来。

"新旧"搭配原则

"新旧"搭配，是指年轻教师与老教师一起合作的原则。如果参加研究的成员较多，则将老教师与年轻教师进行绑定分组。因为年轻教师思想先进、观念新颖、容易接受新事物；但没有太多实践经验，不能很好地将理论与实际相结合，而老教师一般囿于原有观念，再加上多年的教学经验及深厚的基本功，不能很客观地认同一些新想法、新见解，很难推进研究向前发展。因此，采取"新旧"一对一的原则可以使优势互补、合力更强。

课题组成员"减负"原则

对于参加课题组研究的教师来说，进行研究实际上增加了他们的负担。教育科研是较长时间的工程，并且要求严格，因此，这些课题组成员就不得不投入大量的精力。他们不仅要完成教学任务，还需要大量的时间搜集资料，对那些有很多兼职的教师来说，更是一项不小的负担。所以学校要对这些教师进行"减负"，以保证这些成员的身体健康和教育科研的质量。

"按劳取酬"原则

"按劳取酬"是指学校对参加课题组的教师进行适当的物质奖励，以保证这些教师进行教育科研的积极性。

申报教育科研课题 ╱

申报教育教学课题为广大中小学教师提供了广阔的研究空间，课题的申报成为教师开展科研工作首要条件。很多研究者指出一般课题申报，应注意以下的问题：明确教育课题申报的来源及途径；学会研究"课题指南"；了解课题申报人曾获得过的研究成果；加强课题组成员之间的合作。

教育课题申报的途径

教师进行教育课题申报的途径，总结起来有以下几个方面：国家级课题、省级课题、市级课题、本单位教学课题、横向教育课题（有关其他机构为解决与教育相关问题而设的系列课题）、自选课题（教师根据自身的教学实际情况和工作需要而自拟的教育教学方面的研究课题）。

学会研究"课题指南"

所谓课题指南其实就是指课题研究选题的参考目录，"课题指南"是课题立项的基本要求，也是教育部门重点关注的问题及教育研究的重点领域。进行研究的教师首先要研究好"课题指南"，要明确"课题指南"对课题申报的一系列规定。例如课题申报人一次只能申报一个项目，有的课题还规定没有结题的参与者不能申报新的课题，课题的时间要求和经费等问题都有具体规定。

了解课题申报人曾获得过的研究成果

充分了解课题申报人曾获得过的研究成果，可以从另一个侧面证明你已较明确本学术前沿研究领域，并且对课题的研究也有比较充分的资料准备和研究基础。进一步讲，有较丰富的前期研究成果，可以缩短研究周期，保证研究质量。

加强课题组成员之间的合作

当今的课题研究大多是靠课题组集体完成的，课题组的成员选择也很重要，课题组的成员组成要充分展现学科融合的优势和特色，在学历、职称、学缘等方面体现出该课题研究的基本实力。

申报教育课题对我们进行教育科学研究意义重大。

申报课题，可以帮助教师理清自己的研究思路，以减少研究的盲目性；

申报课题，得到批准并正式立项，可以得到有关专家、上级领导和科研单位的指导；

申报课题，有学校对该课题进行管理，使自己的研究更有计划性；

申报课题，可以使研究按一定步骤进行，减少研究的随意性。

申报课题，也就是设计研究方案，是进行课题研究的具体部署，也是如何进行研究的基本思路，同时，也可以看作是保证研究顺利进行的必要措施。它是使研究具体化的中心环节，也是保证研究成果质量的重要条件。一般上级部门开展的课题研究都附有课题申报书。

所谓课题申请书，又叫计划书，大多是由各省、市、地区上级单位或学校颁发的。其内容大同小异。下面总结多个课题申请书的内容，并结合教师书写应注意的问题进行说明。[1]

基本情况：包括课题名称、所属学科、申请人、所在单位、申请日期、研究专长等；（研究专长是指与课题研究相关的专长）；

课题组长及成员的简介和工作分工，包括姓名、职称、年龄、专业、外语程度、分工情况以及近年来与本课题有关的主要研究成果等（与本课题有关的研究成果也可以是自己参与过的课题取得的成果）；

课题研究的意义、本质、立题依据。国内外研究水平及发展趋势，研究的实际意义和理论意义，应用前景以及主要参考文献（参考文献很主要，必须一一列出，因为它反映了你在申报课题的准备情况）；

研究的主要内容、研究被试、主要研究方法，有哪些地方有所突破等（突破可重点提出，因为这是你的研究创新的地方）；

[1] 陶保平.学前教育科研方法（修订版）.上海：华东师范大学出版社，2008（25）.

课题论证及计划：主要包括课题的研究思路和方法，研究计划、要解决的主要问题，包括具体步骤、进度计划、阶段目标等（这是填写课题申请书的重点）；

完成课题所具备的条件，包括资料准备情况和人员结构等；

成果表现形式，包括阶段成果和最终成果形式及研究进程等；

经费问题，包括研究经费和设备使用费（图书资料费、复印费用、仪器设备等）；（必须实事求是地计算，不能捏造数据）；

研究者所在单位领导的意见（是否同意）；

主管部门对此立项的评审答复（是否同意）。

撰写开题报告 /

科研课题开题报告，就是当选定课题之后，研究者在调查研究的基础上所书写的报请上级批准的研究计划和安排。

撰写科研课题开题报告可以提高课题质量和水平，可以促使整个研究工作顺利开展、保证整个研究过程能有条不紊地进行、避免研究时不知道下一步该怎么做而失去研究方向。学者文翁也曾指出，"搞好开题报告的主要目的是促使大家理清研究思路，完善研究设计"。撰写开题报告，还能为解决自己提出的问题提供探索的途径，尤其是对于刚进行科学研究的人来说，更指导他们能按步骤进行研究、少走弯路。课题开题报告水平的高低，直接反映了该课题的质量和水平。可以说，只有科学的开题报告(研究设计)，才有科学而有价值的成果。

撰写开题报告是进行科研课题申请的重要步骤。它可以帮助我们清楚地了解自己进行研究的目的、研究过程、研究方法及研究结果等，若分析后觉得不现实，还可以立即调整自己的方向和目标，使课题走向正确的研究轨道。一般来说，科研课题开题报告主要由以下几个方面构成。

选定课题的名字

课题的名字也就是课题名称。课题名称选得好坏直接影响整个课题的形象与质量,它不是无关紧要的,在给课题选名称时还必须坚持以下两点原则。

(1) 名称必须规范、准确

准确就是课题的名称必须能体现出课题研究的主要问题和研究对象。例如"小学数学课堂板书艺术研究",这里研究对象就是小学数学教学,研究的问题就是数学课堂板书艺术。而有时还要把研究方法也写出来,例如"中学生心理健康教育实验研究",这里的研究对象是中学生,研究的问题是心理健康教育,研究方法是实验法。这样的课题名称就很准确,使人很容易看懂所研究的是什么。

规范就是书写的词语规范、科学。举个例子,如"重视教师的课前备课,提高课堂教学效率",这个名字作为课题就不是很合乎规范,因为它带有很明显的结论性的口气,而课题应该是正在研究的问题。

(2) 名称不宜太长

是指课题的名称要保证简明扼要,通俗易懂。

指明课题研究的目的、意义

是指研究者要阐明研究这个课题是什么原因、研究它有什么积极影响、能解决什么问题。而且要搜集与本课题有关的文献资料,详细了解他人对本课题所做的研究及研究的方法和成果等,从而在已有的研究成果中发现不足,找到新的研究观点和突破口。

明确课题研究的目标

课题研究的目标就是指通过所从事的这项研究要解决哪些具体问题。研究的目标必须清楚地写出来,不能笼统或含糊其辞。因为只有明确了课题研究的目标,才能使研究者了解具体的研究方向。

确定课题研究目标时还要注意考虑两个方面:充分考虑课题自身的要求,也要考虑课题组实际的研究水平和设备条件。

确定课题研究的主要内容

课题研究的主要内容要写得更具体、明确。在写这方面内容时要注意以下几个问题:研究内容与课题相矛盾合、"大"课题"小"、把研究内容等同于研究的目的和意义。

选择课题研究的方法

选择课题的研究方法，就是要说明本项研究主要是通过什么方法来验证我们的假设的以及选用这个方法的原因。教育科学研究的方法主要有：个案研究法、历史研究法、调查研究法、实验研究法、文献研究法、比较研究法、理论研究法、行动研究法等。通常一个研究课题会需要多种方法，因此我们在运用这些方法时，要严格按照每个研究方法的要求去做，不能主观随意改变其操作过程。

制定课题研究的步骤

课题研究的步骤，广义上讲就是指课题研究在时间和顺序上的安排程序。研究的步骤要根据研究内容的难易程度以及相互关系来进行制定，总体上说，大都是从基础性问题开始的，然后一步一步分若干个不同的阶段进行。在这里，每一阶段的进行需要多长时间以及两个阶段间隔多长时间也都需要注明。只有详细地制定课题研究的步骤，才能保证课题研究按时保质保量完成。

表明课题预期成果的表现形式

课题研究的预期成果是指研究会带来什么成果。它的表现形式包括研究报告、教育论文、专著、软件、课件等。不同的课题，其研究成果的内容、形式也不一样。

组织课题组及组内分工

在进行科学研究时，往往需要组织课题组，在一个课题组中要确定课题组组长、副组长、课题组成员以及成员间如何分工，课题组组长即是此项课题的负责人。课题组的分工必须明确合理，也要注意全体人员的合作及分配策略，能让整个课题组内的成员优势互补，保证课题的质量与水平。

写明课题研究的经费及设备条件需要

教育科学研究需要一定的研究经费和设备条件，这些经费和设备条件主要来自以下方面：资料费、复印费、纸笔、多媒体投影仪等。在书写预算经费时，要注意实事求是，不能胡写乱要，而且需要组内成员共同监督管理、合理分配使用。

案例5-3

《小学二年级写字教学的研究》开题报告[1]

新市小学　王晓红

一、课题提出

汉字是一种文化，不仅积淀着中华民族的睿智、中华民族的灵魂，更凝聚着一种民族精神。教育学生继承汉字文化和汉字书写文化，它是孕育和发展我们人的一切文化素质、道德素质和心理素质的起点。因此，《语文课程标准》非常重视写字教学，把它作为低年级一项十分重要的教学任务。特别是对于低年级学生，通过写字教学，可以培养学生的观察能力、记忆能力、思维能力以及动手能力等。但是现在很多老师不重视学生的写字教学，导致学生的书写不工整，错别字现象越来越多，因此，写字教学的研究迫在眉睫。

二、课题研究的意义

本课题的提出具有现实的针对性和重要的实践意义。从小学低年级起就重视写字教学，要求孩子在书写过程中横平竖直，方方正正，形成良好的写字习惯，将对孩子的一生受益无穷。因为写字不仅仅是一种单纯的技能训练，还是一个培养高尚品质的过程，一个磨炼意志，陶冶情操，学会做人的过程。"人生聪明写字始。"认真的写字态度，将会融入到学生各方面的学习、生活中去。这种慢慢渗透，不断内化的态度和意志，对学生的成长，将是一笔不可缺少的财富。

三、课题的界定

课题是研究正确的执笔姿势和坐姿标准，要使学生养成良好的书写习惯：书写时正确的坐姿、书写时眼睛和书保持适当的距离、正确的握笔姿势、眼睛随手由左而右的习惯，是需要教师进行不断的鼓励和培养的。让学生在正确的书写方法下体验成功，从而让学生保持良好的书写习惯。

课题旨是通过教师课堂教学中有层次、有针对性地对汉字笔画的书写进行系统的讲解，让学生在二年级写字的阶段获得正确的汉字书写习惯，同时在教学过程对学生的正确书写

144

[1]　王晓红.《小学二年级写字教学的研究》开题报告.http://ljxsxx.site.jledu.gov.cn/jiaoan/html/?206.html.

姿势进行正确的引导，以期达到"三个一"的要求：眼离书桌一尺；胸离书桌一拳；手指离笔尖一寸。同时养成正确的书写汉字笔画顺序，养成良好书写习惯，达到书写规范、端正、整洁。

四、研究目标

1.通过全员参与练字活动，提高认识，使练习兴趣越来越浓；

2.教师课堂板书逐渐工整、规范，使练字能较快地服务于课堂教学；

3.学生的书写水平有较大幅度的提高，坐姿和执笔姿势正确率达到90%以上，近视率明显得到控制；

4.积累写字教学的经验，逐步形成系统的方法，为更好地开展写字教学打下良好的理论基础。

五、研究内容

1.执笔与坐姿的渗透；基本笔法的渗透；笔位原则的渗透；结构原则的渗透。

2.加强写字教学环境的布置。一个良好的写字环境能激发学生写字的兴趣，诱发孩子创造的动机，提高孩子写字的水平。

3.把写字教学深入到课堂教学领域。

4.开展写字竞赛。

5.加强写字教学经验总结。

具体要求：

对教师的要求：

1.板书要求正确、规范、美观；

2.认真备好写字教案；认真批改学生写字作业。

3.每堂语文课要有写字指导，及时督促纠正学生写字姿势。

对学生的要求：

1.执笔方法和写字姿势正确，培养良好的写字习惯。

2.写得正确、端正、整洁。

3.能比较熟练地写字，有一定速度。

六、研究方法

1.文献资料法：收集国内外相关资料，借助他人经验，指导课堂实践。

2.行动研究法：从写字教学实际中发现问题，并在实践中寻求解决问题的方法，积累写字教学有效性的途径。

3.经验总结法：对写字教学中的经验和方法进行提炼和概括，形成相应的理性认识。

七、实施步骤

准备阶段：2010.6——2010.8

成立课题研究组，明确课题研究的目标，在充分酝酿的基础上制定课题研究实施方案。

第二阶段：2010.9——2010.12

1.在理论指导下具体实施课题研究方案，并在实践中不断充实修改方案。

2.课题着力于课堂教学的研究，构建写字课堂教学模式，探索小学生写字训练的指导方法。

3.开展多样的活动以激发学生写字的兴趣，形成写字技能，养成良好的写字习惯。

总结阶段：2011.1——2011.3

按实验方案进行总结，整理资料，撰写结题报告、论文等。

八、研究条件

1.学校领导高度重视，研究经费有保障。

2.本课题的研究人为市骨干教师，教学经验丰富，已承担过市、县级课题的研究。这些都为课题的顺利研究，提供了保障。

九、预期课题中期成果

A 2010.6——2010.8 撰写开题报告、实施方案

B 2010.9——2010.12 形成论文

十、最终研究成果

《小学二年级写字教学的研究》结题报告

十一、最终成果转化

1.力争课题研究成果在新市小学内推广。

2.在相关的刊物上介绍研究成果。

进行课题论证 /

课题论证就是指对所选的课题进行细致的分析、测定与评价。进行课题论证主要是为了避免选题具有盲目性，可以很好地完善课题方案。论证既指课题研究者对课题的研究价值、概念、依据、假设和思路等的理性思考，又指有组织地研究课题研究的价值来完善课题方案的评估手段。

课题论证的主要内容及目的

课题论证的内容

课题论证主要包括以下内容：所选课题的类型、性质；所选课题的理论价值和实践价值；该课题国内外研究状况及动向；该课题的创新点；该课题研究思路；研究的可行性、条件；本课题研究的成果表现形式。

课题论证的意义

教育科学研究是一项系统有序的研究过程，它需要很缜密的设计与计划，也需要十分严格的课题论证。课题论证是教育课题选择时不可或缺的环节，对课题进行论证保证了教育研究的质量，促进了研究的顺利有序进行。

(1) 对课题进行论证能很好地鉴别研究的价值大小

课题论证主要是通过分析课题研究的对象、问题，考察研究背景，比对与他人研究的独特之处，来揭示此项研究的实际价值和理论价值。

(2) 对课题进行论证是教育课题研究所必需的一个环节，课题论证是课题立项后研究者开始着手的第一个环节。课题研究有一系列的研究步骤，即选题、申报、立项、开题、研究、结题、成果鉴定、成果推广应用等，课题论证是在这一系列环节中起着非常重要的作用，它是课题研究中必不可少的一个阶段。

(3) 对课题进行论证保证了设计方案的完美

事实证明，对课题进行论证其实也是个信息交流、集思广益的过程，在这里，同行、专家、学者会给研究者一些很有价值的建议和意见，并且还会对研究方案提出哪里存在不足需要修改，这些都给研究者带来很大的启发和收获，以不断地改正缺点、完善研究方案。

(4) 对课题进行论证其实是课题研究的再论证

课题论证主要是对课题的研究背景、目的和影响、理论根据、研究目标、内容和方法、研究步骤及成员安排、研究经费等进行了统筹安排，同时也有专家及同行们的建议和点评，使之更为完善。这些实质上就是课题研究的一次再论证、再设计，从而使课题的立论更加有理有据。

(5) 对课题进行论证可以保证研究的质量

因为经过论证，可以预测出研究中将可能出现的问题，指明研究的方向，这些都为研究的实施奠定了基础、保证了研究的质量。

课题论证实质上是学术专家及上级部门领导通过对研究现状、前景预测等的论证来确定课题研究是否必要；对研究目标、内容和方法等的论证，来了解研究课题是否可行，论证可以使研究者在研究时找准方向、突出重点、出好成果。

课题论证的实施与过程

课题论证的实施包括论证准备、开题论证和结题论证三个方面。

论证准备——不打无准备之仗

要进行课题论证，首先必须做好论证前的准备工作，首先也是最重要的就是材料准备，一般需要准备的材料包括：课题立项批准书、完整的开题报告和其他材料（研究者已发表的与本课题研究相关的研究成果的标题附录、重要文章的复印件或重要调研材料）等，这些都是必不可少的。除了这些，还应明确具体的课题研究方法和手段，提出更具有规划性的研究程序等。

开题论证——接受"检阅"

开题论证是课题论证的主要部分，它是由专家学者、上级部门领导和同行等对所研究课题的全面审核与研讨。开题论证主要是审议研究的目的、背景与研究程序的明晰度、可行性，回答"如何进行研究"的问题，最终要提交"课题开题报告"（即实施方案，课题开题报告的具体内容前面已经提到）。开题论证是对课题研究草案的更深层次的说明和完善，如何才能使自己确定的研究内容和方法落实于具体教育的实践之中；具体从哪个角度进行才更便于操作等。

结题论证——"回忆过去、展望未来"

结题论证是指在课题研究结题前，对课题研究的整个过程及课题的成果形式进行重新审视和整理的一项研究活动。结题论证重在回答"此项研究取得了什么成效"，结题论证的主要文本形式是"课题总结报告"。

课题论证的过程包括以下几个方面：

查阅资料，界定课题

通过查阅大量文献资料，弄清国内外同类课题研究现状，在此基础之上，界定课题的研究范围、内容、角度等，明确课题研究的突破点和创新之处。

论证价值，预测结果

论证课题研究的实践价值和理论价值，不仅是选题与开题时必须考虑的，而且可以坚定研究者下一步研究信心，通过对研究价值的论证，可以预测课题的研究结果。

论证研究的内容、途径和研究方法

明确本课题研究内容的结构、重点与难点，从总体上为课题研究设计出切实可行的研究途径，运用适当的研究方法，通过论证判断是否可行。

分析完成课题的主客观条件，制订研究计划

完成一个课题需要主客观等多方面的条件做支持，只有具备一定的条件，才能进行课题研究。研究计划不一定是课题研究的详细方案，但是它可以作为研究方案的基础，是合理组织科研课题活动的前提条件。

课题论证的实施方式

课题论证是课题研究顺利开展的有效凭借，也可以认为它是课题研究的一种发展性评价，它的实施过程（即论证准备、开题论证、结题论证）也决定了它有多种不同

的论证方式。

本人论证

是指研究者自己对研究的背景、研究程序、研究方法和预计成果形式等进行重新梳理与审视，通过自我反思对所研究的课题进行质疑、解惑，以使课题研究顺利开展，使此项课题研究能更加丰满、完善。

开题论证会论证

是指在进行开题论证时，要聘请同行、专家、课题组所在单位领导和上级主管部门领导来召开课题论证会。开题论证是一种现场研讨形式，研究者能与专家和同行在现场激烈的辩论中产生新的研究视角与策略。

书信论证

是指研究者采取书面形式向同行和专家学者提交所要审核的文稿。但这种形式需要课题组织者在中间转告专家们的审核意见，研究者与专家同行没有直接接触，显然没有现场探讨的效果好。

思考与实践

1.什么是教育课题，它与教育科研论文有何区别？

2.课题研究的选择要遵循哪些准则？

3.为什么要对课题进行论证，试列举课题论证的主要方法。

4.您所任教的学校是否有课题研究项目（或者可根据本书附录一的有关内容）？请根据课题研究的有关要求，试选定某一课题，并试着撰写出该课题的开题报告。

/ 课题总结和研究报告的撰写

/ 课题总结的基本结构与撰写技巧

相对于开题报告而言，当社会科学课题基本完成以后，需要以课题总结即结题报告的形式将科研的过程与结果展示出来并加以深化。课题总结不同于课题报告。课题报告侧重于研究成果的表述，而课题总结侧重于回顾过程和评价成果。

课题总结的基本结构 /

一般来说，课题总结的写法没有固定的格式，可以根据课题的内容来设计其基本结构，我们可以依据大致的框架结构进行撰写。

课题总结基本框架

课题总结是一种专门用于科研课题结题验收的实用性报告类文体。一篇完整的课题总结主要包括题目、正文、结尾、附件等部分，这些部分都有各自的写作意义及写作要求，下面针对以上几个部分分别进行说明。

题目

课题名称和文种——课题总结。这部分写作的具体步骤及标准可以参考如下：

报告标题：课题名称+课题总结、标题二号宋体加粗居中，名称统一为《XXXX》课题总结；作者署名：单位+姓名（负责人或负责人和撰写人），署在标题的下面。三号楷体居中（一级标题三号宋体加粗，用"一、二、三"标示；二级标题四号黑体，用"（一）（二）（三）"标示；三级标题四号宋体加粗，用"1.2.3."标示；四级标题四号宋体，用"①②③"标示）。

"正文"部分的撰写

课题总结的正文是课题总结的主体部分，正文部分的撰写主要包括如下三方面：

（1）课题的一般情况，阐述课题的背景；指明课题目标、研究思路及原则；说明研究历时及阶段，并分析各阶段的主要工作和特点。

（2）课题的研究成果，简要阐明本课题的基本观点及其逻辑联系；着重揭示本课题的特色和创新之处；强调本课题与实践的关联性，乃至在实践工作中应用的阶段性成果。

（3）课题的评价意见，自我评价——根据国内外、所在地区和同类单位的理论研究和实际工作的现状，对本课题的地位给予正确的定位，并揭示本研究成果的作用及前景。

专家评价——综述专家对本课题的意见，并写明典型评语。

实践工作者的评价——如果本课题在实践中已有应用端倪，则可给出实践者的反馈意见。

课题总结的结尾

对与本课题相关的问题，指出进一步探索的方向；对本课题的应用推广等问题，表明课题组需做出的努力。结尾的写作应视情况而定。

课题总结的附件

列举课题组成员名单；附上课题研究过程中已发表的论文篇目，研究成果已被采纳或开始应用的佐证材料，致谢等其他材料。

上述课题总结，在课题鉴定会结束以后，可根据专家意见作适当的修改。然后经课题组组长签署后存档。根据课题级别的高低、研究成果的大小、研究者认识的深浅，课题总结将各具特色，但其总体要求是，反映全貌，突出重点。反映全貌，要求撰写者把握从立项到结题的"全程"轨迹，把握课题预定目标、探索重心和研究成果的"全素"关节，把握研究者、评价者乃至实践者的全员意见。突出重点，既需要突出研究成果的创新特色，更需要突出实践中已有效果的评述和将有效果的预测。

正文部分的撰写

一份规范的应用性研究课题总结，其基本结构大致包括以下10个部分（也可分为8个部分）：

课题提出的背景

这个部分内容的陈述，要求用两三段简洁的文字讲清选择这项课题进行研究的原因、理由，要从背景、现状、基础等三个方面去回答"为什么要选择这项课题来研究"这个问题。个别的课题总结，如有必要，还可列出一个部分"课题内涵的阐释"，专门对课题的内涵作说明，当然还必须考虑到教育形势的发展和观念、方法、理念、手段的更新。

课题研究的意义

课题研究的意义包括理论意义和现实意义，本课题研究的重要性和必要性，以及可能性等方面去思考。这个部分既可以单独作为一个部分来陈述，也可以归入"课题提出的背景"来陈述。这样处理的好处，在于能更充分地回答"我们为什么要选择这项课题来研究"这个问题。

课题研究的理论依据

课题研究的理论依据是进行课题研究的理论指导，这部分的陈述要求理论要具体，要围绕课题研究的需要，有针对性地列出课题研究所依据的若干个具体的理论观点或若干项具体的政策，所依据的理论要具有科学性和先进性，所选择的政策要具有时代性。在陈述理论依据时，应切忌将某一专家、学者的整篇著作或某一个文件、某位国家领导人的讲话全文当作理论依据。所依据的理论要具有科学性和先进性，通过这些学说、观点，使本课题研究得到理论的支撑。

课题研究的目标

课题研究的目标体现的是课题研究的方向, 是课题研究所要最终达到的目的。在实验性的课题中, 它体现的是"实验假设"。实验假设其实也是实验将要达到的目标。这一部分的陈述只须用一二百个字就能说明问题。关于这个部分的陈述, 要注意以下几点:

(1) 课题研究目标的确定不要过于空泛, 过于原则, 或没有扣紧课题题目。例如, 有的在"研究目标"中, 提出要"促进学生的发展", "培养社会所需要的人", 使学生成为"具有丰富的知识、健康的情感、健全的个性和良好的道德行为习惯的一代新人, 在未来的社会生活中能自尊、自信, 敢于迎接社会的挑战", 这样的研究目标显得过于空泛、原则。

(2) 要充分考虑课题总结结构的内在联系。也就是说, 本课题所确定的研究目标, 最终必须落实到研究成果中去。看一个课题的研究合格不合格, 能不能通过验收, 就看在研究成果中, 所取得的成果是不是达到了预期的研究目标。在陈述所取得的研究成果时, 一定不能忽略研究目标与研究成果之间这一内在的联系。否则, 会令人感到这个课题研究并不成功。

课题研究的主要内容

课题研究的主要内容陈述的是课题研究的范畴, 课题研究的着力点。对主要研究内容的表述应当紧扣研究目标, 简明扼要, 准确中肯。在陈述课题主要研究内容时, 有的将子课题表述成研究的内容, 这也是一种简洁明了的表述办法。必须注意的是, 课题研究的主要内容与课题研究成果同样有着密切的内在联系, 课题研究的主要内容的研究结果必须在研究成果中予以体现。

课题研究的方法

课题研究的方法, 指的是该项课题在研究时所采用的教育科研方法。一项课题的研究, 往往要同时采用多种科研方法。比如, 采用实验法, 同时也可能采用问卷法、调查法、统计法、分析法等。这部分的陈述, 一般列出将采用的科研方法, 稍加说明就可以了,花费的笔墨不必很多。

课题研究的步骤

关于"课题研究的步骤"这部分的陈述应简洁。一般将课题研究分成准备、实施研究、总结等三个阶段,也有的分成四个、五个阶段。然后,在每个阶段中简要陈述做了几项工作,一做什么,二做什么,三做什么,简明扼要,不必详细陈述。

课题研究的主要过程

"课题研究的主要过程"这部分,需要花费较多的笔墨来陈述。要通过回顾、归纳、提炼,具体陈述课题研究的主要过程,具体陈述采取哪些措施、策略,或基本的做法来开展研究。这部分也可以与"课题研究步骤"合在一起陈述,在每一个阶段中具体陈述所做的几项工作,所采取的研究策略或措施等。撰写这部分内容时,应注意不要用总结式的语调来撰写,不要将这部分写成经验总结或研究体会。

课题研究成果

这个部分是回答"课题研究取得哪些研究成果","课题研究成果"这个部分是最为重要的部分。一个课题总结写得好不好,是否能全面、准确地反映课题研究的基本情况,使课题研究成果具有推广价值和借鉴价值,就看这部分的具体内容写得如何。一般说来,这部分的文字内容所占的篇幅,要占整篇课题总结的一半左右。"课题研究成果"这个部分内容的表述,要注意三个问题:

第一,不要只讲实践成果,不讲理论成果。一个主要的研究成果,应当包括理论成果和实践成果两个部分。不少的课题总结主要是这样陈述研究成果的:我们通过研究,开设了几节公开课、观摩课,发表了多少篇论文,获得哪一级奖,在CN刊物和哪些汇编上发表了几篇文章,有多少学生参加什么竞赛获得了哪些奖项。或者是,通过研究,学生的学习成绩和学习能力获得了哪些提高,教师的科研水平得到了哪些提高等等。这些是不是研究成果?是成果。但仅是属于实践成果。一篇课题总结,单单这样陈述,是远远不够的。因为这样的陈述,这样的研究成果没有什么借鉴推广价值。具有借鉴价值和推广价值的,往往体现在理论成果部分。有的同志认为,我们的课题

研究没有什么理论成果。其实不然。我们所说的理论成果，就是我们通过研究得到的新观点、新认识，或者新的策略、新的教学模式等等。这些新观点、新认识、新策略、新模式，又往往与我们在"研究目标"或"研究内容"中所确定了的要达到的成果密切联系。例如，有项研究阅读教学的课题所确定的研究目标是：要通过研究，"建构具有主体性、开放性、实效性、体验性、创造性的自主探究、激励成功的阅读教学新模式，研究探讨该模式应遵循的基本原则、基本操作程序和常用操作程序以及操作该程序的有效展开和运作的基本教学策略"。那么，在"研究成果"中，具体陈述所建构的新模式是什么，以及基本原则、操作程序、基本教学策略等。这些就是研究的理论成果，这样的研究成果才有借鉴和参考的价值。

第二，研究成果的陈述不能过于简略。有些课题在研究过程中，撰写出多篇学术论文。这些学术论文，就是课题研究的部分主要成果。在课题总结"研究成果"部分，要将这些论文的主要观点提炼、归纳进去。有的课题总结是这样陈述所取得的成果的：研究成果详见某篇论文。这样的陈述是不行的。如果一个课题分为几个子课题来研究，在课题总结的成果表述中，也要将这几个子课题研究的成果进行提炼、归纳。在提炼、归纳时，应注意不要只是简单地罗列这个子课题的主要成果是什么，那个子课题的主要成果是什么，而应融会所有子课题的主要研究成果，归纳出几点。同时也应注意这些子课题的研究成果必须体现所确定的研究目标。

课题研究存在的主要问题及今后的设想

这个部分内容陈述要求比较简单。但要求所找的主要问题要准确、中肯。今后的设想，主要陈述准备如何开展后续研究，或者如何开展推广性研究等实验性研究课题总结的结构，基本上与应用性研究课题总结相同。

课题总结中常见问题及对策

课题总结是一种专门用于科研课题结题验收的实用性报告类文体。它是研究者在课题研究结束后对科研课题研究过程和研究成果进行客观、全面、实事求是的描述,是课题研究所有材料中最主要的材料,也是科研课题结题验收的主要依据。

课题总结中常见的问题

从研究进度看,有的缺少关于研究、探索过程的叙述性材料。比如外出考察报告(有的写了,但仅用几十个字写出到某某地方考察就完了)。基本情况如调研报告、验收申请书等均未提及。

从内容上看,主要有三个问题:一是缺少引文或引文附录,看不出通过研究得出的创新理论以及该理论和支撑实验研究的理论有什么区别或联系;二是有的课题负责人把学校的常规教学活动作为课题的实验研究成果展示,给人一种勉强凑材料的感觉;三是有的课题负责人把课题立项之前的成果当作课题立项后的实验研究成果。必须注意的是,课题研究的主要内容与课题研究成果同样有着密切的内在联系,课题研究的主要内容的研究结果必须在研究成果中予以体现。

从研究结论看,一个结题报告写得好不好,是否能全面、准确地反映课题研究的基本情况,使课题研究成果具有推广价值和借鉴价值,就看这部分的具体内容写得如何。一般说来,这部分的文字内容所占的篇幅,要占整篇结题报告的一半左右。例如,有项研究阅读教学的课题所确定的研究目标是:要通过研究,"建构具有主体性、开放性、实效性、体验性、创造性的自主探究、激励成功的阅读教学新模式,研究探讨该模式应遵循的基本原则、基本操作程序和常用操作程序以及操作该程序的有效展开和运作的基本教学策略",那么,在"研究成果"中,具体陈述所建构的新模式是什么,以及基本原则、操作程序、基本教学策略等。这些就是研究的理论成果,这样的研究成果才有借鉴和参考的价值。

从所附资料看,也有两大问题值得注意:一是一些所附调查报告或科技小论文撰写不规范;二是一些研究论文比较粗糙,不仅行文不太规范,而且内容也不太充实。

撰写课题总结需注意的几点

研究人员在撰写课题总结时有一些问题需要注意,现总结以下几点。

观点和材料要一致

要坚持从客观存在的事实中引出正确结论,需要对研究中获得的大量材料进行提炼、取舍，精选出最有价值、最典型的事实材料作为论据。所选取的材料要真实准确、符合客观实际。

在独立思考的基础上借鉴吸收

在撰写课题总结时，必须正确处理借鉴吸收别人的研究成果与自己独立思考的关系。一方面不能自恃高傲，故步自封，无视前人与他人研究；另一方面，那种为介绍而介绍，对所引用的观点及文献只述而不评、或者任意引申发挥的做法也是欠妥的。

对引用的观点和文献，首先要搞清作者的意愿，文献内容的价值，从中挖掘实质性问题，从而加强论证的针对性；其次，要善于从众多的研究成果和文献中选取最典型的、富有说服力的材料。

语言文字精练简洁，表达要完整准确、鲜明、生动

所谓准确是指忠实客观地反映现实，切记浮华夸张。既不可以日常生活用语代替科学术语，也不可生造词语，以免造成理解上的歧义。所谓鲜明，是指论点、论据要简洁明了。所谓生动，是指要求语言要讲求文采，不要生硬地宣布真理，我们要在忠诚准确基础上讲文采，以最少的文字表达更多的内容。

文字上做到"信、达、雅"，就需要对论文进行反复推敲修改，论述更加严谨，文字更为简练。

课题总结的总体要求

科研工作者在做课题总结时，心中应有一个对课题总结的总体概况有一定了解，这样我们才能做出完美的课题总结，作者综合各类课题总结，提出了几条关于课题总结的总体要求，供读者参考。

要根据课题研究类型的要求，规范小标题的表述

应用性研究课题和实验性研究课题的课题总结，在小标题的表述上是有所不同的，小标题的写作要遵照不同的标准，做到前后一致。有些课题组没有分清所研究的课题属于应用性研究课题还是实验性研究课题，因而，在课题总结小标题的表述中出现不应有的混乱：如在应用性研究课题总结中，有些部分的小标题以"课题研究的理论依据"、"课题研究的方法"、"课题研究的步骤"、"课题研究的成果"等来表述，其他部分的小标题则以"实验目标"或"实验内容"这样的小标题来表述，这种小标题的表述就互不协调。又如"假设"是实验性研究课题总结结构中一个重要的部分。但在实验性研究课题总结中有的没有这一"假设"，而在应用性研究课题的课题总结中有的反而出现"假设"。这样的表述是不规范的，在修改时应注意小标题的表述前后一致。

要扣紧题目中的关键词语撰写课题总结

围绕科研课题题目，尤其是扣紧题目中的关键词语，是写好一篇课题总结的基本要求，也是填写好立项课题申报表，制定好课题研究方案，撰写好开题报告，组织好课题研究的基本要求。如果能切实做到紧扣题目，紧扣关键词语，在撰写时就不会出现大的偏差。

课题总结的结构要完整

要按照课题总结的基本结构要求来撰写课题总结，做到结构完整。有些课题总结存在结构性缺失，有的缺失一、二项，有的缺失多项，有的自定结构，自设小标题，这些都是不符合规范要求的。课题总结的撰写格式不同于论文的撰写格式，要注意不要仿照论文格式来写，不要在课题总结的前头增设"内容提要"、"关键词"、"引文"等。课题总结也不同于经验总结，不要按经验总结的格式要求来撰写课题总结。

语言文字表达要规范

课题总结运用的语言应是陈述性的、报告性的，文字应当简洁流畅。在语言文字的表达中，一要注意不要使用经验总结式的语言；二要准确表达，切忌答非所问；三要简练，文字切忌累赘、重复。

以上对课题总结的基本结构及注意事项作了简单的论述，为了方便读者理解课题总结的结构，现举一份课题总结作为范例供读者参考。为了节省篇幅，作者对引用的课题总结作了一些删减。

案例6-1

    级   别：河北省级

    课题性质："十五"教研课题

培养学生良好学习习惯研究课题课题总结[1]

****县**镇中心小学课题组*****

一、研究背景

学校健康教育是整个健康教育事业的重要组成部分，中小学心理健康教育是一项全面贯彻党的教育方针、依据中小学生心理特点及身心发展规律、面向全体学生、优化心理素质、开发心理潜能、促进心理健康、培养健全人格、促进学生身心全面发展的重要工作。

《中共中央国务院关于深化教育改革全面推进素质教育的决定》中明确要求"培养学生的创新精神和实践能力"。随着素质教育的深入和减负增效的实施，怎样提高学生的学习效率和质量，培养学生的学习能力，得到了普遍的关注。我校在2001年就确立了"开展心理健康教育，培养学生良好的行为习惯"这一研究课题。根据课题研究方案进行了定向、连续、有序的研究。随着新课程标准的实施，我们深感对此课题进行研究与实践具有更加现实而重要的意义。

二、研究目的

1.从目前的教学现状来看，素质教育还没有能完全真正落到实处，"应试教育"的阴影并没能彻底摆脱。进行"培养学生良好的学习习惯的研究"有很强的现实必要性，而且对学生今后的继续教育和工作生活都将产生重要而深远的影响。

2.就"培养学生良好的学习习惯的研究"这一课题而言，各地教科研部门开展的研究，还缺乏系统而深层次的探索，这正是需要进一步深入研究的课题，并由此而提升到理论的高度。

3.研究"培养学生良好的学习习惯"，有利于培养和提高学生的学习能力和素质，有利

160

---

[1] 培养学生良好学习习惯研究课题课题总结.http://wenku.baidu.com/view/454ca8faaef8941ea76e0548.html(选取案例时有所改动).

于大面积提高教学质量，推动素质教育的向前发展。

三、研究内容

（一）常规学习习惯。

（二）善于思考问题的习惯。

（三）合作性学习习惯。

（四）自信的学习习惯。

四、研究方法与过程

（一）更新观念，与时俱进，对教师进行全面培训

为把这项工作真正落实到实处，我校及时组建了实验工作领导小组，校长***全面负责，教导主任***具体负责课题管理，少先队辅导员***负责团队活动和主题教育，形成了全方位的管理体系，分工明确，责任到人。同时建立健全心理教育有关机制。

实施研究前，我们针对教学中的实际情况，组织课题组教师深入学习。一方面集中学习有关习惯培养方面和心理健康教育方面的书籍，了解课题研究的意义和步骤，组织教师仔细研读，认真琢磨，在级组里交流心得，更新教师的教育教学理念，掌握相关理论经验；一方面选派教师外出学习先进的教育科研经验；在研究实践的过程中，我们珍惜每一次与专业教研员的交流和研讨，进一步提高了教师的教育教学技巧和能力。

这样经过长时间的充电学习，我校大部分教师由原来的不知道心理教育科研如何下手，成长为具有一定的教科研操作能力的教师，提高了学校的整体教学水平。

（二）建立学生心理档案，掌握第一手材料

为了掌握学生的情况，解决学生的心理障碍，我校为实验班全体学生建立了心理档案，主要包括学生基本情况登记表（个人情况、家庭情况、生活习惯、学习兴趣、课外阅读、家庭学习、交往、爱好等）和问卷调查。通过认真分析综合，在掌握学生在校表现的同时，了解学生的各种行为习惯和生活环境。另外各班还建立了"知心信箱"、"悄悄话"等心理教育信箱，以便及时把握学生的学习心理和生活心理。一系列的操作使得我们掌握了第一手材料，为实验的实践奠定了基础。

(三) 围绕课题，狠抓实验工作管理

培养学生良好的学习习惯是教育者运用教育学、心理学、社会学、行为科学等多种学科的理论和技术，通过集体心理辅导、个别心理辅导等形式，帮助学生克服成长过程中的心理问题，开发自身潜能，取得良好的社会适应能力与人格健全发展的一种教育活动。课题在内容上侧重于小学生学习习惯的背景调查、成因分析和对策研究，帮助全体学生获得适应与发展，增强自我教育、自我矫治的能力。在途径和方法上，侧重于集体辅导、个别辅导、教育教学中渗透心理辅导、优化个案者家庭教育的辅导研究，并辅之一次定期教育、适时矫治和过程评价等多种方法。

(四) 立足课堂，面向全体，有机渗透学习习惯的培养

心理教育活动课，是心理教育的重要形式。我校实验班开设每两周一次的心理活动课。课的内容有的选用指导书上的范例，有的根据班内的实际情况及近期学生中存在的问题即兴而定，在认真编写教案的基础上，采取灵活多样的授课方式，如：角色扮演、讨论分析、辩论心理陈述等，使心理教育不受传统学科教学的干扰，以期收到更好效果。

把心理教育渗透到各科课堂教学中。课堂40分钟不仅是传播知识的宝贵时间，同时也是培养学生良好心理素质的主要渠道。因此，充分利用学科教学渗透对学生的心理健康教育会收到事半功倍的效果。我们要求教师在课堂教学活动中抓住学科教学这个关键，适时地进行心理教育渗透，学校在评课中将是否合理渗透心理教育，是否营造宽松、和谐的学习氛围，建立平等、民主的师生关系、培养学生良好的行为习惯作为评课的重要标准之一，有的放矢的教学管理也为我们在课堂中全方位渗透心理教育奠定了基础。

(五) 家校同步，促进学生良好学习习惯的养成

家庭教育是整个社会教育的重要组成部分，在人的身心发展过程中所起的重要作用是学校教育和社会教育所不能替代的。家庭教育对青少年的心理影响很大，根据我校开展心理健康教育及良好学习行为习惯的培养过程，在对我校学生进行集体或个别心理辅导时，发现一些小学生的心理问题、不良习惯往往根源于家庭的不良教育或家长的不良行为的影响，我们发现要帮助他们克服、矫治这些心理障碍和不良行为习惯，必须取得家庭教

育的积极配合方能收到较好的效果。

开办《家长报》。根据我校家长的特点，在2004年初开办了《长凝小学家长报》。使家长掌握了大量教育孩子及培养孩子好习惯的科学方法，使家长们认识到要改变以往把教育责任全部推给学校的错误想法和做法，从而积极配合学校做好习惯培养工作，把孩子培养成有用的人。

(六) 将学习习惯的培养寓于丰富多彩的活动中

丰富多彩的活动是培养良好学习习惯的有效载体，它具有现实生活中所不及的凝练和精神，针对学生良好学习习惯的培养，我校各学科设立兴趣小组，积极开展课外活动，同时学校也组织了相关系列活动：如勤奋学习主题教育系列活动、晨读、学生作业展评观摩、朗诵会、百题口算大赛、学习习惯童谣创编大赛等等。学校发动全校师生积极参与，并根据自身的不足和学校师生中存在的各种问题作出总结，并动员学生们以人们喜闻乐见的形式加入生活情景拍成小品、相声、短剧等，在主题班会、中队活动、校本课程、心理培育课上进行表演，使同学们对学习习惯的要求理解得更加深刻、更加透彻，提高了师生的规则意识，使学生逐渐形成了善于对自己行为作出正确的判断、选择与反省，善于及时调控自己不正确行为的习惯。

五、课题研究的成果

1.提高了学生的素质，在老师的精心指导下，同学们经过不断的训练，学生原有的一些不良的学习惯得到了改正，逐步养成了多种良好的学习习惯。如：养成了"不动笔墨不看书"的习惯，记好听课笔记，写好读书笔记，切实提高了听课的效率和读书的质量。

2.实验班各学科考试成绩较前有显著提高，学生的综合能力也有了明显进步。在全镇每学期期末的统考中，各学科成绩都居同年级第一名，得到了同行的肯定和校领导的表扬。从2001年9月开始，我校先后在两个平行班中以一个班为实验班，另一个班为对照班，由一人执教进行了对比实验，到2005年7月实验结束，收到了显著的效果。

3.学生养成良好的学习习惯，掌握了科学的学习方法，不仅会学，而且善学。关于学习中的行为习惯，我们根据学校制定的"良好学习习惯评估细则"要求进行了调查测试，在前测中，全校402名学生中学习习惯良好的占32.7%，一般的占40%，较好的占27.3%；在后测中，学习习惯良好的占70.5%，一般的占18.5%，较差的占11%。

4.学生素质全面提高，个性特长得到充分发展。学生在全市、县、镇各级比赛中获奖达一百余人次。

5.教师会教、善教、教学水平不断提高，我校是一所镇直农村小学，在研究中，全体教师通过学习现代教学理论、教育思想，教育观念发生变化，改进自己的课堂教学模式，教学水平不断提高，在去年的教学质量评估中，我校的教学质量及各级各类活动均名列全镇第一，甚至超过一些城市小学。

通过这项课题的研究，教师的科研水平不断提高，逐步由实践型向经验型、进而向科研型转变，一个科研型的教师群体正在我校形成。

六、问题分析与思考

经过几年的深入系统研究，我校课题组基本上完成了预定的研究任务，已取得了一定的研究成果。但培养学生良好的学习习惯是一项长期而艰巨的工程，需要在总结成功经验的基础上进一步强化要求和训练，让习惯成为自然，变为学生的自觉行动，让学生掌握学习的主动权，增强自学能力，提高学习效率和质量。因此，我们还要在大量的具体实验的基础上，结合现代教育理论、观念，提炼出一整套"培养学生良好的学习习惯"的操作模式，以供同行参考借鉴，把研究成果推广出去。同时，希冀得到专家、领导的不吝赐教，使本课题研究得到提升，臻于完美，从而更好地为学校整体教育教学工作服务。

参考文献

[1] 叶圣陶.叶圣陶教育文集[M]. 北京:人民教育出版社,2003.

[2] 中华人民共和国教育部制定.全日制语文课程标准(实验稿).北京:北京师范大学出版社,2002.

[3] 张鸿苓.语文教育学[M].北京:北京师范大学出版社,1993.

[4] 卓晴君,方晓东.教育与人的发展[M].北京:教育科学出版社,1996.

[5] 郑雨浪,何兴远.学科素质教育理论[M].成都:四川大学出版社,2005.

/ 研究报告的基本结构与撰写技巧 /

教育科学研究的最终成果，需要通过文字进行表述。由于研究的目的、任务不同，研究的方法各异，研究成果的文字表述形式也会有差别。表述的形式通常有两类：教育科研论文和教育科研报告。就它们的性质和作用来说，都是科研结果的记录和总结。科研报告和论文并不存在截然划分的界限。但在内容要求和表述形式上却有一定的区别。科研论文更突出研究的过程性，要有鲜明的观点和理论体系。科研报告则要着重体现研究的结论性和理论性，它不限于新的或创造性的内容，主要凭数据说话。

一般来说，教育研究报告包括经验总结报告、调查研究报告、实验研究报告等。

经验总结报告的撰写 /

经验总结报告是对教育经验活动及经验进行整理、加工和分析，形成的较为系统的合乎逻辑的认识，具有很强的实践性。以教育总结的形式对教育现象进行的研究在教育史上并不少见。《学记》就是两千多年前我国古代教育经验的总结。许多伟大的教育家，如陶行知、苏霍姆林斯基等也都通过总结自己的经验为教育科学领域增添了宝贵的财富。今天，经验总结仍是教师进行教育科研的一种重要形式。

教育经验总结的分类

教育经验总结可以分为如下几类：

描述性总结

特点是重"经"轻"验"，着重描述亲身经历中感受深刻的环节与步骤。这种表现形式对应于具体经验总结，适用于总结亲身经历的一次或几次有意义的教育活动。它对理论、方法的要求不高，与实践联系十分密切，很适合教师用于开展教研活动。但是它容易受到具体时间、环境、条件的限制。

概括性总结

特点是重"验"轻"经",着重从多次经历的实践中概括出共同的原则与方法。这些原则和方法是在归纳了实践中取得良好效果的共同环节、步骤后体验到的。这种形式适用于总结一段时间的教育教学实践活动。由于基于多次经历,所以能在一定程度上摆脱具体情境的局限,这种报告比描述性报告具有更大的普遍性。

案例 6-2

创新形式 提高实效[1]

——小学英语家庭作业设计例谈

赵 静

《英语课程标准》指出:"教学活动不应该仅限于课堂教学,而要延伸到课堂之外的学习和生活之中。"家庭作业是将英语教学从课堂、从学校延伸到课外、到家庭的重要途径之一,它是巩固课堂教学、提高学生综合运用语言能力的一个重要环节。因此,教师应当艺术性地创新形式,改变学生作业的形式和功能,要以作业为平台,注重学生的兴趣和需求,让学生在逐步掌握英语知识和技能的同时,提高语言运用能力,开发学生的思维能力,发展学生的个性。我们可以尝试从以下几个方面入手:

一、分工合作,共同提高

二、自主创作,发展思维

三、参与实践,亲身体验

论述性总结

特点是超出"经"和"验"的限制,着重运用一定的理论对概括出的原则、方法和途径等进行系统的分析阐述,揭示其所蕴含的深刻道理。这种表现形式对应于理论性经验总结,它是在反复实践的基础上形成的,因而具有更强的一般性。这种一般性就是理论概括的特色。从这个层面上说,论述性报告更具有普遍性与应用价值。

[1] 赵静.创新形式,提高实效——小学英语家庭作业设计例谈[J].现代中小学教育,2011.(12).(有改动)

案例 6—3

解读新课改理念下课堂教学的基本特征[1]

李世春

为了更好地实施新课程,很多学校都在探索与新课程实施相适应的有效课堂教学模式。像江苏洋思中学的"先学后教,当堂训练"课堂教学模式,山东杜郎口中学的"三三六教学模式",河北衡水中学的"三转五让教学模式"等等。所有这些模式,都是在新课改理念指导下,充分相信学生、依靠学生、解放学生、发展学生的基础上展开的。这些新的课堂教学模式对促进学生自主、全面的健康发展,起到了极为重要的作用。我个人认为,新课改理念下课堂教学的基本特征大致可以概括为以下四个方面,即:把握一个本质中心,抓实两个活动层面,落实三种学习方式,实施四种教学方法。

一、把握一个本质中心

即:以学生为中心,要求教师在课堂上的一切活动都要以促进学生独特而全面的发展来展开,教师的所有活动都是围绕如何落实"以学生为中心"、"以学定教"、"育人为本"的理念去设计实施。

二、抓实两个活动层面

要求教师在设计与实施课堂教学任务时必须做到"三精",即:以学定教为核心的课前精心备课,以育人为主要目标的课上精彩互动,以提高为目的的课后精细反思。

学生的学习活动应该做到"三主",即:以自主学习为核心价值的课前主动预习,以合作、探究为主要学习方式的课上主动活动,以巩固、拓展为目的的课后主动巩固。

三、落实三种学习方式

即:自主学习、合作学习和探究学习

四种教学模式

即:"倡导启发式、探究式、讨论式、参与式教学,帮助学生学会学习。

---

[1] 李世春.解读新课改理念下课堂教学的基本特征[J].现代中小学教育,2012.(2).(选取案例时有所改动)

从以上分析可见，这三类总结在普遍性和理论层次上的差别，最终是由于其所赖以总结的实践经验在数量上的差异。广大教师应不断积累和丰富自己的教育经验，并根据自己的经验，选择合适的经验总结方式。

经验总结报告的基本结构

经验总结报告的撰写从结构上来讲，一般包括标题、正文和结尾。

标题

一般说来，经验总结报告的标题有三种写法：

(1)常用式

其结构包括：作者单位、姓名、时间、内容和文体。例如："深圳实验学校2009年度数学教研组教研工作总结"。这种标题比较简单，但能够使人一目了然。

(2)内容式

这种方法说明总结的内容，比较适合专题总结。例如："对作文教学的几点思考"。

(3)副标题式

主标题一般说明内容，副标题阐明单位、问题等。例如"把爱给每一位儿童——班主任工作经验总结"。

正文

经验总结的正文部分，一般分为前言、主体、结尾三部分，也可将三部分融为一体。具体说来，包含下述四方面的内容。

(1) 基本情况概述

这部分的写法须视具体情况而定，一般说来，可概括工作的全貌、背景；有的说明总结的指导思想和成果；有的将主要的成绩、经验、问题简明扼要地提出来，以引起读者的注意；有的点明全文的中心思想。

案例 6—4

英语教学经验总结[1]
吴哲

本学期我担任九级 (3) 班、(4) 班的英语教学。本届学生普遍英语基础较差，学习英语的兴趣不够浓，而且 (3) 班中等生占较大多数，尖子生相对较少，差生也较多，(4) 班尖子较少，差生覆盖面较广。根据学生实际情况和多年教学经验，我对本学期教学工作总结如下：

……

(2) 主要成绩经验

这一部分是经验总结的核心部分。"成绩"的叙述在全面性的经验总结中有时单独立项；在专题性经验总结中，它通常被融合到经验的条项之内论述。下面是一段经验总结的"成绩"论述。

案例 6—5

……经过几年的探索和实践，在特色教育方面，学校取得了点滴成绩，为推动素质教育和培养学生的创新能力起到了积极的作用。我校先后被评为"示范校"；小学教育教学管理优秀中心校。同时承担了省教育科学"九五"规划重点课题，取得了十分可人的成果。……

(3) 存在的问题和教训

总结出工作中出现的问题和得到的教训，是为了进一步提高认识，明确今后努力的方向，为今后的工作提供借鉴。

案例 6—6

信息技术教育工作经验总结[2]
斯小蓉

几年来，我中心小学的信息技术教育工作取得了一定的成绩，但也存在着一些问题：

[1] 吴哲.英语教学经验总结[N].学知报/2011年/4月/25日/第E06版.教学论坛.(选取案例时有所改动)

[2] 斯小蓉.信息技术教育工作经验总结[J].四川教育学院学报.2005.(4).(选取案例时有所改动)

1.虽然我中心小学能多方筹措资金,但资金缺口仍然大。现在生机比例低,离班生一台尚有较大差距。与电脑公司签订分期付款的合同到期,由于教育收费降低,学校无力支付,另一方面学校宽带、拨号上网费用支付已成问题,迫切需要政府加大资金投入,以及电信等相关部门的鼎力支持。

2.信息技术与学科教学的整合还远远不够。一是能够做到整合的教师数量还比较少,二是还没有做到经常化。信息技术与学科教学整合,要求领导和教师不但要有这方面的能力和水平,而且还要求教师具有不怕困难、努力工作的奉献精神。开展信息技术与学科教学整合工作每天需要花费大量的时间,这就为坚持应用信息技术带来一定困难。

3.目前的小学信息技术教育还停留在打打拼音、练练五笔、学习文字处理的程度上,如何进一步开展小学生的信息技术教育,切实提高小学生运用信息技术的水平,仍有待于进一步探索。

(4) 今后努力的方向

这是总结的结尾。它是根据已取得的成绩和经验、问题和教训提出来的,起表明决心和展望前景的作用。

案例 6—7

信息技术课的教学经验总结[1]

斯小蓉

信息技术课是一门新兴学科,与其他学科相比,缺少现成的教学经验供我们借鉴;而且信息技术本身就是一门飞速发展的技术。虽然我教信息技术课有几年了,但探索的环境下的新型教学模式、教学方法,却是一名信息技术教师刻不容缓的职责,让我们共同努力,为创造适应21世纪的新的教学模式、教学方法奋斗!

上述教育总结四个方面的内容不都是每篇报告都必须具备的,可视具体情况而定。但是不管是几部分,情况和经验是必不可少的。

[1] 斯小蓉.信息技术教育工作经验总结[J].四川教育学院学报.2005.(4).(选取案例时有所改动)

落款

落款包括署名和日期。总结的署名，一般在标题之下。署名要标明单位和作者姓名，格式是署名单独一行居中，单位另一行以括号的形式居中。

撰写经验总结的注意事项

撰写经验总结除了要遵守许多共同的撰写规则外，还要注意如下几个问题：

被总结的事例或思想要具有代表性

所谓代表性，是指被总结的事例或思想在一定范围内具有普遍的代表意义，它所提供的经验对教育教学实践有着积极的指导意义，能够起到示范的作用。

提出的观点要精确

经验总结报告不能像记流水账一样面面俱到。要在充分依据教育事实的基础上，善于抓住主要矛盾，提炼出有价值的观点。对占有的资料进行"去粗取精，去伪存真"，从而透过现象看本质，概括出符合客观规律的结论。

提供的新经验要具有时代性

在提炼新的教育经验时，如能融入时代特征，贯彻党和国家教育工作的新精神，把总结的触角伸到教育改革的前沿阵地，就会形成具有时代特色的观点，从而推动教育教学改革，丰富教育理论。

教育调查报告的撰写 ╱

调查报告是在一定的教育思想的指导下，在对教育调查材料的整理、分析基础上写成的有事实、有分析、有理论的观点文章，是反映教育调查过程和结果的一种报告形式。具有时效性、真实性等特点。调查报告的种类很多，常见的有如下几种：1.反映基本情况的调查报告。2.总结典型经验的调查报告。3.介绍新生事物的调查报告。4.考察历史事实的调查报告。5.揭露问题的调查报告。6.表现其他内容的调查报告。

教育调查报告的基本结构

不同类型的调查报告，具体内容有所不同。但基本写法是相通的。教育调查报告一般由标题、导语、调查结果、结论与建议及附录等几部分组成。

标题

教育调查报告的标题应标明调查研究的问题和中心思想。常用的写法有三种：一是用调查对象和主要问题做标题。如"中学教师胜任力的现状分析与对策研究"。这种标题较直观、简洁，但是缺乏吸引力；二是采用主副标题的形式。如"王小刚为什么不上学了——对一个辍学生的个案调查"；三是以提问做标题。如"学生为什么厌学?"这种标题尖锐且富有吸引力。

导语

导语又称引言。它是调查报告的前言，简洁明了地介绍有关调查的情况，或提出全文的引子，为正文写作做好铺垫。教育调查报告在前言中要向读者开宗明义地说明调查研究的问题、意义与方法。具体而言，首先，研究者需要简要说明调查研究的主要问题及研究的意义和价值。告诉读者为什么要选择这一研究课题，它有什么现实和理论意义。其次，说明调查的基本情况，包括调查时间、地点、对象、范围、取样方式和调查的具体方法等。可使读者对这项调查的全部活动有一个概括的了解，从而对调查资料的来源、分析方法作出判断。常见的导语有：①简介式导语。对调查的课题、对象、时间、地点、方式、经过等作简明的介绍；②概括式导语。对调查报告的内容（包括课题、对象、调查内容、调查结果和分析的结论等）作概括的说明；③交代式导语。即对课题产生的由来作简明的介绍和说明。

案例 6 -8

中学生体育生活现状调查及体育教学改革可行性探讨[1]
——江苏省常州高级中学调查思考

王鑫庆   徐军艳

1.前言

素质教育对现代体育提出了新的要求，为了保证素质教育改革的顺利进行，学校体育理

[1] 王鑫庆,徐军艳.中学生体育生活现状调查及体育教学改革可行性探讨——江苏省常州高级中学调查思考[J].体育与科学.2002.(3).（选取案例时有所改动）

论工作者从理论上阐述了学校体育的发展方向、目标和突破口:以素质教育为方向,实现终身体育思想为主要目标,以体育教学领域为突破口,以体育教学模式、课程改革等为内容。为了实现终身体育这一目标,制度改革与创新是关键,教学内容和教学方法是基础,教师队伍的建设是保证,同时要转变教学思想,改变原有的评价机制。

2.研究方法与对象

(1) 研究对象

被调查者为江苏省常州高级中学高二年级5个班级的普通学生,共237人。其中男生138人,女生99人。

(2) 研究方法

采用问卷调查法和常规数据统计方法。

调查结果

调查结果是教育调查报告的主体部分,研究者要把调查过程中所收集到的资料通过文字叙述、调查图表、统计数字及有关文献资料,用纲、目、项或篇、章、节的形式把主体内容有条理、准确地叙述出来。教育调查报告的正文部分的主要写法有以下两种。

一种是先展示出调查的基本事实,然后对这些事实所反映的问题进行分析。这样可以使读者对整个调查搜集的材料有一个整体的认识,再从不同的角度对这些材料说明的问题加以论述,清楚地表达出调查的结果。这种写法对调查结果的分析可以是对现象所产生的原因进行的分析,也可以是对问题的发展趋势进行分析,还可以对调查的结果做理论上的概括和分析。

案例 6-9

国内中学生"网恋"专题调查[1]

孙彩平　　王春梅

"网恋",是一种以现代网络空间及电子媒介物为主要沟通手段的人际情感交流,不

[1] 孙彩平.王春梅.国内中学生"网恋"专题调查报告[J].上海教育科研.2010.(10).(选取案例时有所改动)

以婚姻为主要目标,而是以建立两性之间亲密关系为主要内容和目的的一种交往方式。中学生中也存在一定数量的网络恋情。中学生因为处于青春期,对恋爱或者爱情没有深刻的认识,更多是把异性交往中产生的神秘、愉悦的感觉看作是恋爱。

1.网络恋情的普遍程度:近两成学生有过"网恋"。

2.网恋发生的原因:多种原因都可能促成网络恋情。

3."网恋"进行的方式:绝大多数将网络恋情限定在虚拟空间。

4.选择网络恋人的标准:人品、感觉和容貌。

另一种写法是综合运用调查中所取得的材料,按事物本身的逻辑关系,将所研究的问题分成几个部分进行统一阐述。这种写法是从调查中所搜集到的材料中提炼出若干问题,运用调查材料来阐述作者对于一些问题的认识,可以明确地表述研究者对一些问题的看法和对现实中存在问题的综合认识。

案例6-10

在改革创新中发展[1]
——江苏省平潮高级中学调查

杨中华

江苏省平潮高级中学原来是通州市一所普通的农村集镇中学,近年来发展迅速。仅仅三四年的时间,从一所农村集镇中学成为南通市首批重点中学,又顺利通过江苏省重点中学验收,成为省重点中学。通过调查,我们发现,能够借鉴并适度运用市场机制,积极吸纳社会教育资源,努力走改革、创新之路,是平潮中学取得迅速发展的根本原因。

一、平潮中学积极拓宽教育经费来源的渠道,大大改善了学校的办学条件。

二、平潮中学将竞争观念引入学校管理之中,加大人事制度改革力度,努力开发教师资源。办好教育,教师是根本。

三、平潮中学还通过各种措施扩大学校的知名度,积极利用社会资源促进学校的发展。

174

[1] 杨中华.在改革创新中发展——江苏省平潮高级中学调查[J].求是杂志.2001.(17).(选取案例时有所改动)

结论与建议

在对整个调查内容进行总体的定性、定量分析的基础上，概括出事物的内在联系，并提出新的见解、新的观点和设想、建议。无论是实用目的而寻找解决问题的办法，向实际工作部门提供参考意见、改革方案，还是验证已有的结论，或者发展新的理论，其结论都必须客观真实。提出的观点要符合事实，同时要考虑其他社会因素的影响；提出的建议要有合理性和可行性。

在研究报告的结论部分，还可对研究成果进行解释。解释调查研究的成果包括两方面的内容：一是说明它在理论上的贡献，即在某一具体问题上对原有理论观点的改变，或者提出新的理论观点。二是说明它的实用价值，即报告所解释的新观点对实际的指导意义。

方式主要有补充式、深化式、建议式、激发式等。

案例 6－11

我国小学六年级学生学业成就调查报告[1]

中央教育科学研究所中小学生学业成就调查研究课题组

针对本次学业成就调查的结果，本研究提出如下对策与建议。

(一)借鉴国际先进经验，实施国家教育质量监测。

(二)建立全国性的教育质量监测系统，进行持续的教育质量监测。

(三)进一步转变学生的学习方式，提高学生综合解决问题的能力。

(四)提高教学效率，减轻学生的学习负担。

(五)加强对西部和农村地区教师的继续教育培训，提高教师的专业素质。

(六)关注和重视科学和品德学科的教学，提高教师的专业素质。

附录

一般说来，如果没有篇幅限制，最好要有附录。附录内容包括用于收集和分析资料的调查表（或问卷），部分原始资料，少数典型个案资料等。目的是便于读者鉴定收

[1] 中央教育科学研究所中小学生学业成就调查研究课题组.我国小学六年级学生学业成就调查报告[J].教育研究.2011.(1). (选取案例时有所改动)

集和分析资料的方法是否科学，结论是否合理。

撰写教育调查报告应注意的问题

1.要深入群众，深入实际，从各方面了解有关情况，包括直接的、间接的、正面的、反面的。要尽可能掌握大量的事实材料。

2.要对掌握的材料作认真的分析研究，经过"去粗取精，去伪存真，由此及彼，由表及里"，得出正确的判断和结论。

3.要善于运用一些统计数字，如实、具体反映调查情况，不要空洞。

4.要注意观点和材料的统一，说明观点的材料要典型，不要笼统浮泛，不要以偏概全。

5.要有叙有议，不要罗列现象，空泛议论。

教育实验报告的撰写

教育实验报告是以书面的形式反映教育实验过程和结果的一种研究报告，它的显著特点是客观性。它所反映的结果，完全是通过实验操作过程所获得的，不允许有外加的成分。

教育实验报告的种类很多，根据实验控制情形来分，主要有两大类：一类是控制情景实验报告。定量分析比较多，对实验过程取得的全部资料进行研究，找出研究变量之间的内在联系，发现教育现象发展变化的因果关系，对假设进行科学的检验。一类是自然情景实验报告。它虽然也有定量分析，但定性描述较多，行文较灵活。许多教育改革实验报告，像综合整体教育实验报告，德育实验报告等，均属此类。

教育实验报告的结构

教育实验报告是用于展示实验的过程和结果，以交流实验研究的结果和研究者对某个问题的看法。因此，教育实验报告不仅要正确地反映研究的结果，还要在文字表述、语言表达、书写格式等方面符合一定的规范。按照出现的顺序，一般包括标题、摘要、前言、方法与步骤、结果、讨论与分析、结论及参考文献等部分。

标题

教育实验报告的标题是一种通报性的标题，应简明、扼要地表示出该研究的主要问题和研究的主要变量。即"标题=实验课题+文种"。例如，"关于中学生学业成绩影响因素的研究"、"利用现代教育技术优化数学课堂教学实验研究报告"。

摘要

摘要是研究报告中关键性内容的总结与概括，用词应简明准确，一般控制在300字以内。摘要可使读者在很短的时间内了解报告的内容，以决定是否要阅读全文。此外，摘要还有助于图书管理人员进行书刊索引和文摘工作，能将报告不失原意地介绍给读者。

前言

前言又称序言、引言、导言、问题的提出等，它是教育研究报告的一个重要组成部分。在前言中要阐明此项研究的目的，使读者对研究要干什么有一个清楚的了解。一般包括以下几个方面的内容。

(1) 问题的陈述。对问题进行陈述时，应明确指出研究的自变量、调节变量和因变量以及彼此之间的关系。问题的提出必须明确、简洁。此外还可以实事求是地说明该实验研究的理论价值和实践意义，以引起读者对该研究的重视。

(2) 文献综述。教育研究报告中的文献综述，是围绕研究目的，对研究问题或假设的有关文献资料的综合论述。可以使读者对研究背景材料有足够的了解，从而认识研究问题提出的必然性。材料的选取要具有代表性，与本领域研究关系密切。

(3) 目的与假设。在介绍研究方法和步骤之前，应明确阐述研究的目的、假设，因为研究方法是为检验这些假设而选定的。目的和假设是一个问题的两个方面，一般是先有目的，而后再提出假设，但有时也可以先假设有目的，因为在教育研究中有些问题是早已有了假设，只是通过实验来验证假设而已。如非智力因素对学生学习成绩的影响问题，早就假设非智力因素和学生学习成绩密切相关，实验仅仅是验证这种假设。

研究方法与过程

实验报告的"研究方法与过程"部分,是评价一篇实验报告的重要内容。要通过这部分内容使读者了解实验的设计和组织,实验的基本操作方法。包括以下几方面的内容:

(1) 研究对象。在教育实验研究报告中的"研究方法部分",作者必须说明研究的对象是谁,他们是从什么样的群体中选取的,用什么样的方法选取的,有多少人,以及被试的年龄、性别、文化程度等。如果实验是分组进行的,还要说明按什么方法分组。

(2) 研究工具。研究工具是指研究者用来收集资料的量表、问卷等测量工具。如果研究者所采用的工具是公开发表的标准化量表,研究者只需说明名称及版本;如果是自编的量表,则应详细叙述,或附在文后让读者参考。

(3) 研究步骤。实验报告在介绍实验研究方法时,除了介绍研究对象和研究工具外,还应说明研究是怎样进行的,资料是通过什么方式搜集的。要对实验设计与实施程序做详细说明。诸如实验设计的类型,实验变量的处理,无关因素的控制,观察记录的方式。教育实验研究报告中,对研究方法的阐述,主要是强调该研究的客观性和科学性。

研究结果

对研究得到的数据或其他进行总结并进行有关的统计分析,是研究报告在结果部分中应阐述的内容。在对研究结果进行分析后,还应简要说明每一项结果与研究假设的关系。

为了使说明的问题更直观,教育实验研究报告常用图表的形式来说明问题。在使用图表时,研究者应按其在文中出现的顺序为其编排顺序,如图1、图2、表1、表2等。

讨论

在讨论中,作者根据自己提出的问题及其他人的研究成果,对自己所研究的结果进行解释,并对研究结果的含义和意义进行评价。还应说明结果是否支持了研究的假说,并讨论其理论意义和实践意义。最后还要讨论该研究的局限性及将来进一步研究时如何改进等。这是作者发挥创造力表达自己独到见解和方法的部分,也是教育研究报告中最重要的部分。

结论

"结论"是对实验结果的概括或归纳,从理论上说明结果的意义。这部分的文字应简明扼要,把研究结果或研究发现归纳为某种原理、规律或规则。

参考文献和附录

在研究报告的末尾,应一一列举文中引用的主要参考资料的来源,这样既可表示对他人劳动成果的尊重,又可以向读者提供资料的来源。列参考文献时要注意用正确的格式和顺序。具体要求前面已有介绍,这里不再赘述。

在附录中列出不宜在正文中出现的内容,如研究中所用的问卷、量表、分析数据时的重要统计推断及公式。有时也可列出重要的原始数据,供读者参考。

撰写教育实验报告应注意的问题

坚持实事求是　教育实验报告中要坚持充分运用研究过程所取得的材料来阐明作者的观点,尽可能做到数据与事例相结合。

突出主要观点　教育研究报告的书写要紧紧围绕所提出的假设,突出主要的研究问题。

实验方法和结果要交代清楚　教育实验研究是以方法的科学和结果的可靠为条件的。因此,在介绍研究方法时要条理分明,结果部分要具有说服力。

以上对教育实验报告的基本结构及注意事项作了简单的论述,为了方便读者理解教育实验报告的结构,现举一份教育实验报告作为范例供参考。

思考与实践

1.简述课题总结的基本结构。

2.联系实际分析课题总结的基本要求。

3.比较经验总结报告、调查研究报告、实验研究报告的异同。

4.寻找一篇教育研究报告,试分析其结构。

5.根据有关科研课题的题目,参考本章案例的相关结构与格式,尝试写一份教育研究报告。

/ 案例赏析

新课程改革,要求教师努力发展自身的科研,成为一名科研型教师。因此一名优秀的教师不仅仅是教学能力突出,同时也应该致力于科研方面的发展,使自己向教师专业化的方向靠近。本章选取了三篇论文作为案例,分别为立项课题,经验型论文和理论性论文,三篇文章侧重于不同的研究角度,写作的方式和内容也有所区别。希望通过案例及案例分析可以给广大中小学教师提供一些借鉴,培养教师进行科研的兴趣和热情,最终使教师可以真正走上科研型教师的道路,实现教师专业发展。

【案例一】

教学叙事:距离教师专业自主发展还有多远
——对当前农村小学教师教学叙事"失真"问题的分析与思考

邵军

摘要:教学叙事是促进农村小学教师专业自主发展的有效途径。然而,反观当前农村小学教师的教学叙事实践,更多地只是停留在作秀和应付检查的层面上,偏离了良性发展的轨道。改变这种情形,需要多方面的努力。

关键词:农村小学教师;教学叙事;问题;对策;专业发展

一、"失真"表现及原因分析

(一)"失真"表现

1.取向功利。调查发现，近六成教师表示为了应付学校领导检查，其教学叙事往往不是源于对自身丰富教学实践和师生生活的记述和研究，而是从复制到粘贴、从借鉴到抄袭，勉强应付完成。这种流于形式，游戏文字的叙事，无疑是十分错误和有害的。

2.处理简单。(1) 形式单一。叙事的格式基本上是千篇一律，总是"事例+结论"的固定模式，不能根据情节和内容需要灵活安排；描述具体的教学故事时，技巧单一，叙事角度也不够灵活。(2) 内容肤浅。我们在调查中发现近五成教师在叙述教学事件时，"只是把教学中所发生的事情像摄像机一样拍摄下来"，面面俱到，没有从中筛选出有意义的教学事件或鲜活的教学片段，并且缺乏自己对教学改进和教学重建的思考，其教学叙事俨然成了小学生的记叙文。

3.方式封闭。调查发现，近七成的教师认为教学叙事是个人的事情，他们一般只顾自己埋头写作，较少与专家、同行、学生交流。这样的做法，久而久之，容易使教师产生封闭的心态，由此也会影响到教学叙事反思的正确性。在查阅中，笔者发现，有少数教师在其中进行着自以为是的反思，不能找到理论支持和科学根据。

4.作用虚化。现实中，有些教师在叙事时表示要学会倾听学生的发言，上课时却又心不在焉地对学生的回答敷衍了事；在叙事时说要尊重学生的主体性，上课时却又是越俎代庖，事事包办；在叙事时说教学是师生的平等对话，到上课时却又是我行我素灌输说教……还有些教师受功利性的驱使，写教学叙事的目的就是希望能够在报刊上发表，为了迎合报刊的用稿要求，甚至进行"巧妙"的虚构，因而对改善教学行为没有多少意义。

(二) 原因分析

1.认识因素。"教学叙事是一种通过提高教师自我觉察水平来促进教学监控能力发展，提升教师专业素质的重要手段和途径。"[1] 但在实践中，不少教师对教学叙事这一研究形式的价值缺乏认同，常常将叙事游离于教学实践之外，把叙事伴随教学的隐性化过程显化为任务，轻视理论的观照等。这些做法都有悖于叙事研究的本意，致使教学叙事未能生发出支撑教师专业发展等方面的应有功能和意义。

[1]　周一贯.教学叙事："教师成为研究者"的思路重构[J].小学语文教师, 2004 (1/2)：7.

2.能力因素。(1)教师自身写作能力的消亡或退化。不少教师表示"现在就是怕写文章","什么文章都写不好",他们自然会对教学叙事产生畏惧心理,缺乏信心。(2)教师的教学理论素养欠缺。由于教师理论素养的缺乏,其教学叙事只能在浅层次和低水平上的重复,难以有显著的提高和实质性的飞跃。(3)教师缺乏反思的能力。反思是教学叙事的灵魂所在。但现实中,很多教师对反思的意义认识还不到位,没有反思的主动性和积极性,找不到反思的切入口,叙事停留在表面。

3.管理因素。(1)管理方法机械。当前,不少学校的科研管理方式采取的是数字化模式,表现在对教师的教学叙事要求上就是盲目追求篇幅和数量,这导致很多教师的教学叙事缺乏真情实感的融入,没有基于实际教学问题来思索,使人很难从中获得理性的升华和情感的愉悦,体会不到叙事的价值。(2)叙事指导不够。在实际工作中,不少学校忽略了对于教学叙事方面的监控力度,对于教师的指导也只停留在发放一些讲座材料上,没有采取积极有效的措施去引导和帮助他们进行叙事研究。(3)叙事评价缺位。一些学校只管教师叙事没有,不问教师叙事得怎样。我们调查还发现,一些教师虽然进行了很好的教学叙事,但学校却将其作为档案材料束之高阁,致使其他教师不能及时学习。这不仅限制了经验的推广,更严重的是因为没有展示平台,撰写者难以体会到成就感,继续叙事的欲望受到了抑制。

二、回归"本真"的策略建议

(一)引导价值认同,增强教师叙事的主动性

教学叙事非常重视教师日常的教学故事及故事的细节,不以抽象的概念或符号替代教学生活中鲜活生动的情节,不以苍白的语言来描述概括的教学事实。这种研究方式和成果表达形式对教师特别是农村小学一线教师来说有着显而易见的优点。因此,每位教师都应该清醒地认识到进行教学叙事能够充分激发自己的教学积极性和创造性,有助于逐步培养和发展自己对教学实践的判断、思考和分析能力。通过教学叙事,可以使教师将理论与实践、思想与行动联系起来,实现条件性知识和实践性知识的融合。教师明确有效的教学叙事,对于他们自身精神品质和人文内涵的提升都是大有裨益的,是帮助教师从感

性走向理性，从无序走向有序，从教书者走向教学研究者的阶梯。广大教师要彻底摒弃教学工作中的浮躁心态和功利化倾向，在平稳的心态下，用一双教师的眼睛，去关注之前视而不见的教学事件，审视自己的教学，叙述自己的教学故事，并在反思中改进自己的教学实践，重建自己的教学生活，在教学实践中不断提升自我、超越自我、实现自我。如此，教学叙事行为才会成为教师职业生活中最自然的习惯，才会成为促进教师自身专业发展的有效途径，"教师成为叙事者是教师专业发展的必然"[1]。

（二）构建人文制度，增强教师叙事的积极性

学校领导应成为教师进行教学叙事的倡导者、示范者、引导者、促进者，成为教师进行叙事的外在动力。制定的教学叙事制度与考核办法，应摒弃功利化思想，克服浮躁心态，构建人性化的叙事制度，让教师的叙事研究回归常态。如允许教师有叙事数量的弹性空间，不以篇幅论英雄，不以数量判优劣；教学叙事的内容重点可以不同，格式也可以不拘一格；对其的检查和管理也应该因人而异，一定要结合学校教师的实际情况，以不让教师做无用功为原则；求真务实，科学评价，引导和激励教师开展教学叙事，营造积极向上的叙事氛围。如此，教学叙事才能成为教师自觉的内省行为，才会步入正确轨道。另外，对教学实践的回顾是教师进行叙事反思的前提条件。为了让教师有话可说，学校可以配合"集体备课制度"和"公开课、研讨课制度"，让教师进行教学叙事。

教师在课前以集体备课的方式提升教学设计的科学性，课后以集体讨论的方式总结自己的教学收获与教学遗憾，然后教师个人将自己的这节公开课相对完整地记录下来，使之成为一份课堂教学实录。有条件的学校还可以为教师提供日常教学实践（而不单单是公开课）的录像服务，这能为教师回顾反思自己的教学实践提供全面而完整的素材。此外，学校也要打开教学叙事交流的渠道，充分运用好校刊等传媒，给广大教师提供展示个人教学思想、经验的平台。

（三）开展叙事培训，增强教师叙事的科学性

教学叙事是新课改提出的具有时代特色教学理念转换为自觉教学行为的平台，相对

[1] 罗孝辉.教学叙事:改善教师职业生存状态[N].中国教育报，2004-12-11 (5)．

于严格的传统研究范式来说，教育叙事是"不必进行特殊的专门训练，具有易操作性"[1]的研究方法。对不少农村小学教师而言，教学叙事还属于新鲜事物。这就决定了当前一些农村小学教师在教学叙事这一问题上还存在着一个会与不会、能与不能的问题与矛盾。因此，在当前就很有必要对教师开展教学叙事的专题培训和训练，让教师了解教学叙事与理论研究者的研究、教学案例、教育经验总结、教学日记等方面的区别，让教师掌握教学叙事的目的、特点、内容、过程、方法、策略及叙事中的心智操作等，着重帮助教师解决"叙什么"和"怎样叙"这样两个问题，以避免教师受传统思维方式的束缚而陷入直接套用"事例+结论"的结构或凭借主观"合理想象"杜撰事迹等写作误区。此外，要善于培植农村小学教师鲜明的问题意识。问题意识的鲜明程度，往往与教师的知识和思路成正比，越是具有丰富的知识和敏锐的思路，就越能发现问题，并能发现别人发现不了的问题。为此，学校和教育主管部门应该经常采用听课评课、集体备课、专家讲学、学术沙龙、典型示范、参观考察、外出进修等为广大教师喜闻乐见的形式，引导教师去观照、思考、发现自己教育教学工作中存在的问题，以此来培养反思型的教师队伍。

（四）加强理论修养，增强教师叙事的深度性

理念是行动的先导。教师具有怎样的理念，对教育秉持着怎样的信仰，直接决定着教师在教学活动中采取的做法。加强教育理论修养，旨在为教学实践提供正确方法的指导，要教师少走弯路，避免出现不明整体和方向的"瞎子摸象"现象。因此，在平时的教学中，广大教师应自觉、主动地去接受、学习和运用教育教学理论，"始终与最前卫的理念保持密切的关系"，不断打破自身原有的定势和平衡，激活叙事思维，拓宽叙事思路，开启叙事智慧，进而在自己的教学实践中寻找新的生长点。教学叙事研究实质是一种行动方式，写教学叙事实际上是转化教师的教学观念和教学行为的突破口，是变革课堂教学的突破口。如果教师不改变自己的教学习惯和教学行为，进行教学叙事时就会无话可说或者其叙说将非常困难。"教师能够叙说的与值得叙说的，不过是在改变了自己的教学活动之后产生的记录冲动与反思冲动。"[2]

[1] 王凯.教育叙事:从教育研究方法到教师专业发展方式[J].比较教育研究, 2005 (6)：28-32.
[2] 苏鸿.校本叙事:教师专业成长的新路径[J].教学与管理:中学版, 2005 (7)：17-20.

（五）营造对话空间，增强教师叙事的鲜活性

有位学者说得好，"同事们可以作为一面批判的镜子，反射出我们行动的影像……当我们聆听他们讲述相同的经历时，就可以检查、重构和扩展我们自己的实践理论"[1]。教师的个人反思与个人理解必定有限，善于教学叙事的教师一定是一个善于学习他人优点、勇于接受他人批评、心胸豁达的人。所以在教学实践中，教师应该坦诚地将自己的课堂向理论研究者和同行开放，通过与自我对话、与学生对话、与同事对话、与专家对话等多种形式诘难自我，认识自我，得到启发，以加深教学叙事的鲜活性和深刻性。教师完成教学叙事后，要主动与同事或专业研究人员交流、沟通，在群体间叙述故事，与同行对话，在听说的互动中，再一次的反思会被剖析到更深刻的境界中。这既有利于改进教学实践，同时也丰富着教师的理论视野，并最终促进教师个体在专业上的不断成长。

（六）回归教学实践，增强教师叙事的实效性

教学叙事要求以课堂为现场，以教学为重点，以学生为关注中心，是立足于教学实践基础之上，并最终指向教学实践的。教师必须以一个研究者的身份进入到课堂教学实践中去，对教学情景、事件及细节进行深情关注和深入观察，如此，才可能实现对教学全面的、有深度的反思。因此，广大教师要静下心来回归到自己的课堂中，潜下心来研究课堂教学中的各种问题。具体来讲，可以从以下几个方面进行：(1)叙写教学过程中的亮点。主要是教学过程中引起教、学共鸣的做法，课堂教学中临时应变得当的措施，某些教学思想方法的渗透与应用的过程，教育学、心理学中一些基本原理有意使用的感触，教学方法上的改革与创新等等，供以后教学时参考使用，也可在此基础上不断地改进、完善、推陈出新。(2)叙写教学过程中的败笔。即使是成功的课堂教学也难免有疏漏、失误之处，对其进行系统的回顾、梳理，并作深刻的反思、探究和剖析，多积累些病因、病例的样本，并寻找出解决的办法，使之成为今后再教学时的参照物。只有这样，教学才会日臻完善。(3)叙写教学中学生的疑问和创新。教师认真记录下这些问题及其答案，一方面可以丰富自己的教学思想和经验，另一方面也能提升自己的教学、研究水平。此外，要力求做到叙事之后再叙事。叙事不应局限或终止于某一节课的教学，而应用自己在叙事中所产生的新观点来指导

[1] 刘良华. 校本教学研究[M].成都：四川教育出版社，2003：34—36.

新的教学，让自己的新观点在新一轮的教学实践中得到验证。然后，对检验的情况再作反思，进行前后对照、分析和归纳。这样，新一轮的反思自然会使前一轮反思所得出的成果得到进一步升华，教师自己也就在这样的循环叙事过程中得到不断的发展。

总之，教学叙事作为一种草根性的研究行动，是广大农村小学一线教师参与教育科研的一种很好的方式。学校和教育主管部门应引导教师走进它，感受到它的魅力与乐趣，如此，必能有效地促进农村小学教师的专业自主成长。

案例述评

本篇论文属于省级课题，作者以新课程改革对教师的专业自主发展为背景，通过教学叙事这个在教学活动中经常接触和运用，但是效果不明显、失真这一非常微小的角度为选择的切入，选取农村小学教师这个教育关注的焦点但整体水平薄弱的这一群体，作者以此为文章的总体，旨在通过论述使教师的专业自主发展能够更好地适应新课程改革的要求，提高教师们的自身发展。

"教学叙事是教师将自己某节课的课堂教学叙述出来，使之成为一份相对完整的案例，学校可以借助集体备课和公开课来提高教师的教学叙事能力，然而在实际教学过程中，广大教师对教学叙事只是停留在应对上级检查这单一的方面。"针对这种现象，作者从教师写作的动机、文章处理技巧、思想行为等方面作者进行了"失真"概括，进而对出现的原因从教师的认识到学校制度等各个角度给出了全面的分析，认为出现这些问题的原因是由于教师自身的认识不到位，只注重教学，对科研缺乏关注，学校领导的重视及专家的关注和评价制度等。同时根据出现问题的方面，对于如何回归"本真"的教学叙事，从教师的思想、制度、实践等多方面提出了许多策略，同时认为教师应该以课堂为现场，教学为重点，学生为关注的中心，立足教学实践基础之上，并最终指向教学实践。

整篇论文选题新颖，内容丰富，结构完整，思路明确，依据提出问题，分析问题，解决问题的结构进行了书写，虽然是作为课题，但是我们依然可以感觉出不仅仅是对理论的阐述或叠加，也不单是对教学经验的简单表述，而是通过与教师密切相关的日常教学进行切入, 再运用理论对其分析, 使二者结合。力求教师可以看懂, 更能深刻体会, 使之在实践中可以发挥作用。

文章读过之后留给我们的是深入的进行反思, 我们不仅仅要明白教学叙事的现状如何, 而是要通过这些使我们明白它对于教师专业自主发展的重要性, 让每个教师可以好好进行反思, 同时能在新课程改革理念下, 如何通过自身专业发展的提高来迎接挑战, 如何通过自身的改变让学生更好的发展, 如何使自己成为新课改的积极推动者, 对教师提供了些许借鉴。

【案例二】

数学思考——让课堂流光溢彩

严亚雄

摘要: 数学课堂的核心是数学思考, 数学思考的培养应贯穿课堂教学的始终。教师要营造氛围, 有效指导, 让数学思考为学生数学能力的提升、数学素养的积淀提供有力的动力保障, 进而实现高效课堂, 体现师生的生命价值。

关键词: 数学思考; 高效课堂; 生命价值

什么是"数学思考"? "数学思考"就是在面临各种问题情境, 特别是非数学问题时, 能够从数学的角度去思考问题, 发现其中所存在的数学现象, 并运用数学的知识与方法去解决问题。

数学课堂的核心是数学思考, 数学思考能力的培养是新课标提出的要求, 是时代赋予我们的责任。有人这样说: 思考是学生学习数学的本质特点, 是数学知识的本质特征。课堂教学中, 只有学生的思维碰撞了, 智慧的火花迸发了, 师生情感真诚流淌了, 这样的数学课堂才是高效而有魅力的。

一、营造氛围, 为数学思考提供环境

数学课堂的氛围是师生展开心灵对话、进行思想交流的场域, 是学生开展学习活动的依存点。我们要善于营造这样一个有利于数学思考的氛围, 让学生可以无拘无束地表达自己的思想、认识和情感, 真正实现心理表达的自由和开放。

【案例】"用字母表示数"的教学片段

师：课前老师了解了一下，多数同学今年11岁。给你们起名叫作"甲"，那么老师叫什么呢？

生：叫"乙"。

师：能用上"甲、乙"说说我们之间的年龄关系吗？

（同学们开始猜测）

生：我们之间的年龄关系是"乙比甲大10岁"。

师：虽然老师不是21岁，但还是由衷高兴，因为，年轻真好。（学生笑了）

生：我猜我们之间的年龄关系是"甲比乙小20岁"。

师：厉害！不仅猜得对，而且换了一种说法。下面请同学们说说乙的年龄，甲是11岁，那么乙是多少岁？

生：31岁。

师：如果乙是33岁，那么甲呢？

生：13岁。

师：如果乙是x岁，那么甲呢？

生1：y岁。

生2：a、b、c……

师：到底多少岁呢？老师请你们想个办法，用含有字母的式子，让人一眼看出"乙比甲大20岁"。小组合作，商量商量吧！

生1：我认为是y-20岁。因为乙是x岁，并且乙比甲大20岁，说明甲比乙小20岁，所以用y-20来表示甲的年龄。

师：说得多清楚，多完整啊！不仅用上了字母表示，而且让人一眼就看出两人的年龄关系。

上述过程中，教师用生动的语言和鲜活的课程资源，不断调整自己的教学行为，课堂氛围轻松愉悦，真正实现了师生之间的"零距离"沟通。在这样的数学课堂中学生享受到了思考的快乐。

二、有效指导，渗透数学思考的方法

正确的思考方法是数学思考的基础。它能让学生逐步深入思考，能充分激发学生的思考兴趣。因此，教师要教会学生一些思考的方法，让学生拥有思考数学问题的"法宝"。只有学生会学了、会思考了，他们才会创造，这是实现高效课堂的关键，也是素质教育的核心内容。

1.数学语言，清晰表达思考过程

如何让学生"生活在思考的世界里"？一定要抓住"数学语言"这个数学思考的"外在工具"。因为学生数学语言水平的高低，直接影响其数学能力的发展。

在教学低段"看图解决实际问题"时，我会先出示情景图，问："图上画的是什么？能用自己的话说说图画中的条件和问题吗？该用什么方法解决这个问题呢？"一次次地引导，一遍遍地补充，学生慢慢学会了完整表达自己的意图。就图中的"小鸟"这个信息，有学生说："大树上已经停了3只小鸟，又飞来了6只，一共有几只小鸟？"我表扬这位学生说得好，同时继续引导学生用不同的数学语言来表达同一种图意："你还有不同的说法吗"？通过对数学信息的观察和思考，有助于培养学生准确运用数学语言进行表达的能力，也有助于培养学生的思维准确性和灵活性。

2.质疑，引发深刻数学思考

如今很多的数学课堂，特别是公开课追求形式的华美，多媒体课件的应用、热闹非凡的游戏充斥其间，学生独立思考、讨论质疑的时间被挤压。偶尔有学生闪现思维的火花，教师也常常视若未闻。如一位教师在执教"认识面积"时，学生用红色笔描画图形边线，用蓝色笔涂满图形。此时，有学生提出"是不是周长大的图形面积也大些啊？"多好的思考辨析的机会！可是教师为了执行自己的预定设计，担心问题的解决会影响课堂的顺利进行，她选择了不置可否，多么遗憾啊！

教授"年、月、日"时，学生通过学习已经了解到年、月、日的相关知识，此时，教学活动如果就此结束，学生只是在教师的要求下接受一个又一个知识点，这样的学习缺乏探究，思考含量不高。若能适时提出"为什么平年是365天，闰年是366天？""为什么四年一闰，百年不闰，四百年又闰呢？""关于年、月、日，你还有什么疑问吗？"等问题，全新的想法，指引着学生自主地思考，他们自觉查找相关资料，从而对年、月、日的认识经历一个从模糊到清晰的过程。

作为数学老师，我们要善于在教学的关键处质疑，于行进之间，于精彩之处，此时，可能会有安静的思考，抑或会出现激烈的争辩，思考的火花就此跌宕起伏。

3.对话，提升思考含金量

很长时间以来，"对话"仅停留在形式上的"师问生答、师起生止"，似乎一切尽在掌握之中，这其实是一种变异了的"独白"。如今，沉寂的数学课堂也因为"对话"，学生的言说权得到体现，课堂因而生机凸显。这里所说的"对话"不是时尚的名词，不是简单的"讨论交流"，而是指"本真的、高品质的、和谐的"对话。这样的对话将"朦胧的浅表和直白"变为"深刻的内涵与意蕴"。

【案例】"乘加、乘减混合运算练习课"教学片段

学生一般见到的都是乘法在前、加法在后的算式，练习得多了，学生计算正确率也很高。一般的教学设计到此为止，见好就收了。而我"独具匠心"，为提升学生的数学思考，防止消极定势，我请学生完成"$2+6\times3$"这一题，计算教学因此平添了几多思考的含量。果不其然，有几个学生"上当"了。他们是这样计算的：

$2+6\times3=8\times3=24$

我没有急于纠错，而是让学生观察发现：他这样做对吗？

生：他做错了，因为乘加算式，应先算乘法，后算加法，他先算加法了。

师：这种题还真容易出错。做错了的同学，谁能勇敢说一说当时是怎样思考的呢？

生1：我习惯了前面的运算先算，没有考虑乘加算式的运算特点，所以就出错了。

师：还有一种计算过程是这样的，这样做对吗？

$2+6\times3=18+2=20$

生：也不对，第一步应是$2+18$。

师：为什么呢？$18+2$和$2+18$ 结果不是相同的吗？

学生似乎没办法回答。

师: 没关系，我们再来算一题10-4×2。

教师提问: 这里如果把先算的4×2的结果8先写下来行吗?

快速比较后，学生回答: 我知道了，书写时要按原来算式的顺序写，并不是说先算的部分就写在前面。如果这样的话，就会出现8-10的算式，我们还不会计算呢。

在上述案例中，对话产生在知识生成之时，教师创设了一个动态的开放的思考空间，引导学生进行数学思考，对话交流，那么思考的魅力尽显，课堂就是一个巨大的磁场，吸引了大家。总之，提高教育质量，体会师生的生命价值，课堂永远是主阵地，数学思考的培养应贯穿于课堂教学的始终。牛顿说过: 没有大胆的猜想，就不可能有伟大的发现和发明。没有数学思考，就没有真正意义上的数学学习，如果没有数学思考，我们的课堂怎么可能有效甚至高效呢! 没有数学思考，那些"费马猜想""欧拉猜想""非欧几何"等在世人的眼中怎么会散发迷人的光彩! 因此，我们要努力消除学生数学思考苍白和肤浅的现象，让数学思考为学生数学能力的提升、数学素养的积淀提供有力的动力保障，让数学课堂因为有效的数学思考而流光溢彩，永远绚丽在师生生命的历程中。

[参考文献]

[1]钟启泉.对话与文本: 教学规范的转型[J].教育研究, 2001 (03) .

[2]教育部.全日制义务教育数学课程标准 (实验稿) [M].北京: 北京师范大学出版社, 2001.

[3]郭玉峰.如何启发学生创见的思考[J].数学通报, 2000.12.

[4]肖川.教育的理想与信念[M].长沙: 岳麓书社, 2002.

案例述评

数学，我们一般都会想到和数字有关，枯燥、乏味，逻辑性强等，这些使得许多人对数学是望而却步，但题目"数学思考——让课堂流光溢彩"使得许多人产生了好奇心，很想继续往下看看，作者是怎样使数学课充满活力的。

文章分为两大部分,主要讨论教师如何做使数学思考得到提高,两部分都是通过案例形式表现的。"数学思考就是在面临各种问题情境,特别是非数学问题时,能够从数学的角度去思考问题,发现其中所存在的数学现象,并运用数学的知识与方法去解决问题。"

第一部分是环境方面,即氛围创造,提供思考的环境,在"用字母表示数"教学片断中,作者巧妙地将师生间的年龄联系起来,引入了教学内容。整个过程教师只是进行提问、提示,而没有直接把结论性的话语塞进学生头脑中,而是学生通过回答问题,讨论,答疑得出结果。整个过程学生思维活跃,大大提高了课堂效率。

第二部分是有效指导,渗透思考方法。教学不仅仅要交给学生知识,同时还要交给学生学习的方法。这部分作者将已有的教学经验和文献资料结合起来,有代表性地提出了教学中的学生语言练习,质疑,师生间对话的重要性。语言被大多数人理解为是语文或文科性的东西,和数学根本搭不上边,作者却认为数学语言的高低,直接影响其数学能力发展,作者正是注意到了许多人忽视的一面。教学中我们经常强调师生间的相互对话,对不同声音要倾听,但是许多知识是理论性的。文中作者通过所举的例子,告诉教师应该如何做,怎样使教学更好地进行,同时学生的数学思考也得到了进步。

文章短小精悍,从题目开始就使人产生了进一步读的兴趣,内容也是通过教学实例将经验上升到一定的高度,观点鲜明,有很强的说服力。文章读起来浅显易懂,更有利于教师在实际的教学中进行运用,可以说是一篇好的关于经验性的论文。

【案例三】

浅谈新课改中英语教学的新理念

吕元玲

摘要:外语教学的目的是要打好扎实的语言基础知识,培养听、说、读、写的交际能力。实现这一目的,教学中既要改变观念,又要改变教学方法。树立以学生为主体,以教师为指导的教学理念,引导学生主动地建构知识,主动发现知识并积累知识。让学生主动参与语言知识的学习过程是英语课程改革的核心之一。将教学理论和实践相结合,运用现代课堂教学理念进行教学设计,促进英语课堂教学的效果。

关键词:新课程理念;学生主体;课堂教学;教学形象

Abstract: The aim of foreign language teaching is to lay a so lid foundation of basic knowledge and to train communicative abilities in listening,speaking,reading and writing.To achieve this aim,it is necessary to use new ideas and new methods.The teaching idea that takes the student as the center with the teacher being the director should be established so as to give guidance to the student in building up know ledge,in discovering and accumulating knowledge in an initiative

way.It is one o f the co re matters to let the student take the initiative to play his/her part in the process o f learning a language.Theories of teaching should be combined with practice and the designing o f teaching should be done with modern ideas so as to promote the effectiveness of English teaching.

Key words: Ideas about New Curriculum; Student Centered; Classroom Teaching; Image in Teaching

在2000年九年义务教育初中英语新编教材的修订大纲中明确提出:1.树立符合素质教育精神的英语教育观,2.体现学生的主体地位,发挥教师的指导作用。外语教学的目的是要在打好扎实的语言基础知识,进行认真严格的听、说、读、写训练的基础上,培养听、说、读、写的交际能力。九年义务教育初中英语新编教材出台后,广大初中英语教师和教研工作者都认真努力地探索,寻找最佳教书育人途径和方法,但由于种种原因,我国长期以来的应试教育使外语教学只是偏重语言形式(语音、语法、词义)的讲解传授,培养出的学生,精通语法规则,却只会认读,不会听说,不能真正具备交际能力。所以许多教师"穿新鞋走老路"就成为不可避免的现象。

新课标就是要改变英语课程过分重视语法和词汇知识的讲解和传授,忽视对学生实际语言运用能力培养的倾向,强调课程从学生的学习兴趣、生活经验和认知水平出发,倡导体验,实践,参与,合作与交流的学习方式和任务型教学途径,发展学生的综合语言运用能力。因此,推动和激励教师创新运用新教材,在创新上多做文章,下力气,使之成为推进教学效果的巨大助力,以实现教师的科学指导与学生的轻松学习的和谐统一,确保英语教学持续、有效、健康发展。

一、树立英语教学的新观念

树立以学生为主体,以教师为指导的教学理念;从学生的学习兴趣、生活经验和认知水平出发,倡导体验、实践、参与、合作与交流的学习方式和任务型教学途径,发展学生的综合语言运用能力。

心理学家认为,观念是指人的思维意识,是客观事物在人脑里留下的概括的反映,它使人能够从客观现实中引出概念、思想、计划等来指导自己的行动,使行动具有目的性、方向性和预见性。正确的观念对事物有促进作用,错误的观念则有阻碍作用。新教材对教学目的和意义、教学内容和方法赋予了新的含义,这就要求我们的思想观念要从旧的教学模式中解放出来,适应新形势发展的客观要求:从方法论的前提上,由用考纲、课本、教参的束缚中,转变到既重教材、大纲,又灵活的创造,从实际出发,以"实践是检验真理的唯一标准"的哲学思想武装自己;从师生的主次关系上,由教师统领课堂,以教定学的观念中转变到学生为主体,教师为指导,即将学生的主体地位贯穿到整个外语教学活动中,从制订教学方案到课堂内的教学活动,都应从学生的现实基础和需要出发,用教师的人梯作用,支撑着学生自己攀登;从教学内容的指导上,由"唯教材而问"结构指导中,转变到按照大纲的要求选用教材,在教材的教学中采用结构与功能注重,既重视运用语言进行交际的能力,又重培养运用语言能力所需要的语言进行交际的能力,又重培养运用语言能力所需要的语言知识教学。只有通过思想观念的推陈出新,对英语教学产生巨大的能动作用,才能使英语教学收到事半功倍的效果。

二、英语课堂教学方法探索

有创造才能有发展。传统的分段教学法和语法翻译法的应试教学,造成了学生的高分低能,英语交际能力低,无法适应改革开放的需要。语言是交流思想、传递情感的工具。

这特性决定了英语教学的目的就是要培养学生具备使用这种交际工具的能力，教师的任务就是在课堂教学中引导学生在学习语言知识的同时，进行大量的语言交际的实践活动，从而使语言基础知识转化为言语技能，并发展成为运用英语进行交际的能力。教师应遵循语言教学的客观规律，创造切实可行的新教法。英语教学的中心就是"学生与英语的接触"，英语教学的一切设计都是围绕"学生与英语的接触"进行的。在英语课堂教学中，老师既是组织者、监督者，有时也是评分员，甚至是合作伙伴，始终起着主导作用。教学能否顺利进行取决于教师的精心设计和组织，时刻为实现"学生与英语的接触"提供帮助，通过创设和营造真实而有意义的英语文化环境，充分利用各种教学资源，以活动为核心，组织教学，为学生提供充分的语言实践机会，鼓励学生在民主和谐的氛围中积极参与，大胆表达，让学生在活动中学英语，利用英语交流，并使学生的情感、态度、价值观得到全面提升。

(一) 用英语教英语，使学生在耳濡目染的英语环境中提高交际能力

教育学认为，人脑中存在一种先天性的语文习得装置，儿童只要置身于人类语言环境，就能毫不费力的习得言语，英语教学是由学生、英语和教学环境构成的主体三维系统，环境对学生积极性的发挥和英语的择定学习都有制约作用。因此，教师应坚持用英语教学，创造出和谐的英语环境，使学生自然地接受英语熏陶，提高交际能力。教学中尽可能地采用英语教学，如七年级上学期的教学中，可以多使用Look at the blackboard;Open your books; Listen to me; Listen to the tape;Stand up; Sit down,please; Read after me,please.Thank you very much; Good! Very good.Perfect.etc.这些课堂用语，多次重复可以让学生熟知课堂用语，教师要根据学生的情况，逐步增加课堂使用英语的量和用语的难度和长度，对于学生不十分理解的话语，教师可借助动作、表情、暗示等让学生理解，渐渐地学生就能听懂了。并通过有计划的训练，学生很快就能用英语参与表达，培养学生逐步用英语进行思维、交际的能力。

(二) 设置语言情境，使学生在模拟的情景氛围中，提高英语的交际能力

教育学认为，情景教学能使学习者扮演环境中的角色，从事指定的活动，以达到一定的

学习目的。今日的课堂活动不再是讲与练的比重问题，而是使课堂的各种活动都带有情景交际性质，并组成一个生动活泼的整体，也就是围绕有语境的篇段进行情景交际性质的信息交流。在教学中，教师要充分利用教室里现有的实物、图片创设情境，采用简笔画创设情境，利用动作、手势创设情境，充分利用幻灯片、录音机等电化教学手段创设情境，进行教学。如在教完第一册课本中"怎样问路"或"给别人指路"一课后，可把路线图画在黑板上面，做问路方面的练习，学生们在这样的指导下，很快地就会说出Where is the people 's Cinema? Which is?the way to the Post Office? Go along the street.Take the second turning on the left(or right).It s' next to,等句子，使全班同学很快都掌握了交际知识和方法。实践证明，只要教师巧妙的诱导，就可使学生在自由欢快逼真的情境中，交流思想，提高能力。

(三)开展丰富多彩的英语课外活动，培养学生的兴趣，使学生在生动活泼的实际生活中提高英语交际能力

根据学生普遍好动、好问、好强的特点，组织开展英语晚会、英语故事会、英语演讲赛和英语基础知识竞赛等，使学生在娱乐中提高学习英语的兴趣，在比赛竞争中增强英语交际能力。课堂内外活动的设计要符合学生的认知水平，语言难度的把握，话题内容的选择，活动形式等都要考虑学生的兴趣、喜好、心理特点以及学生已经拥有的知识和经验。引导学生主动地建构知识，用自己的眼睛和大脑主动发现知识并积累知识，这就是真正意义上的学习过程。著名心理学家布鲁纳说过，"学习最好的刺激是对所学教材的兴趣"，对学习来说，"兴趣"将直接影响学习效果。新教材内容贴近学生的生活，与当今世界信息技术相联系，在教学的过程中，应充分挖掘其趣味性，唤起情感共鸣，引起学生兴趣。教师应做到备学生、备教材，设计每一节课，都使其有趣味性。创造和谐的课堂气氛，充分调动学生的主动性和积极性，应尽量多扬少抑，哪怕这个学生仅仅取得一点进步。孔子曰："知之者不如好之者，好之者不如乐之者。"激活学生学习动机，增强他们的学习积极性，变被动应付为主动探求知识，使之成为"乐之者"。

(四)和谐的师生关系是一堂高质量英语课的前提

卢梭说得好，"只有成为学生的知心朋友，才能做一名真正的教师。"教育首先应是温

暖的,有人性味的,爱心、热心是责任心的源泉,只有热爱学生、尊重学生,才能使师生心灵相通,才能使学生"亲其师而信其道。"因此,教师要充分尊重学生在课堂中的主体地位,给予他们充足的思考、探索的机会和时间,使他们成为课堂学习的主人;要善于倾听学生,实现师生之间真正的互动和交流;要多从学生立场考虑问题,学会换位思考,从学生的角度审视自己每一个教学行为的合理性;要充分关注学生的学习过程,而不能仅满足于结果和结论;教师要指导学生完善自己的学习过程,使学生掌握有效的学习策略并养成良好的学习习惯。新课标强调课程从学生的学习兴趣、生活经验和认知水平出发,倡导体验、实践、参与、合作与交流的学习方式和任务型教学途径,发展学生的综合语言运用能力。

三、塑造英语教学的新形象

新教材的实施,给教师们提供了施展才华的广阔天地,但同时也迎来如何实施素质教育,发挥指导作用,得心应手地采用新教法,使学生的能力得以发展与提高,要求教师本身必须具备较高素质的新形象的挑战。然而,由于种种原因,中学英语教师队伍存在着语言素质不高,教法陈旧和能力不强等问题,严重制约着新教材的实施,成为阻碍学生英语交际能力提高的不利因素。因此,采取有效的措施,全面提高教师的英语业务素质,塑造出教师的崭新形象,才能确保新教材的实施效果。

(一)抓培训,进行听与说的强化训练

俗话说:"要给学生半桶水,自己必须有一桶水",只有具备英语扎实功底的英语教师,才能在教学中做到以英语教英语,结合日常生活实践和学生今后使用英语的需要,设计语言情境,对学生进行高强度的、大活动量的语言培训。开展英语课堂用语抢答赛等活动,强化教师的听说训练,从而有效地增进了教师的英语知识,为教学打下了基础。

(二)抓常规管理,增进课堂教学合格率

课堂教学是英语教学的基本形式,是落实教学目标的主要环节,也是学生在教师指导下进行听、说、读、写训练,获得英语知识及其交际能力的根本途径。抓好常规管理能帮助教师克服课堂教学的随意性,使课堂教学规范化、制度化、有序化,以此逐步提高教师的业务素质, 提高新教材的课堂教学合格率, 促进教学目标的落实。

(三) 抓示范,促进教学质量的提高

典型引路, 取长补短, 是促进事物发展的方法之一。为了提供样板, 我校在教师中组织开展了教学比武活动, 并在比武的基础上挑选出英语流利、教法科学的教师上示范课, 在成功的教学示范中, 统一教学标准, 确定教学目标, 明确努力方向, 同时定期召开英语教学研讨会, 使大家在和谐融洽的气氛中, 畅所欲言, 谈成功的经验, 讲失败的教训。通过交流教学体会, 基础好的教师增强了光荣感和责任感, 基础差的教师树立了争先创优的决心和勇气,使我们用新的形象投入教学, 为教学任务的完成奠定了基础。

(四)重视教学反思,优化教学方法

教师通过内省或其他方式对自己的教学思维、教学过程以及教学活动进行再认识。在反思过程中发现自己教学行为中存在的问题, 进而通过探究问题, 解决问题, 改进教学, 求得自我发展。英语能力不是教出来的, 而是练出来的。教师要树立以学生为主体, 以教师为指导的教学理念; 从学生的学习兴趣、生活经验和认知水平出发, 倡导体验、实践、参与、合作与交流的学习方式, 通过语言实践, 发展学生的综合语言运用能力。

参考文献:

[1] Tricia Hedge.Teaching and Learning in the Language classroom [M].上海: 上海外语教育出版社,2002.

[2]宋桂月,金莺.英语课程标准教师读本[M].武汉:华中师范大学出版社,2003.

[3]陈坚林.英语教学组织与管理[M].上海:上海外语教育出版社,2000.

[4]赵涛.英语教学法[M].贵阳:贵州人民出版社,2001.

[5]杭宝桐.中学英语教学法(修订版)[M].上海: 华东师范大学出版社,2001.

[6]谈振华.课堂教学理论读本[M].北京:社会科学文献出版社,2001.

[7]张献臣.新课程理念下中学英语教学应当走出的几个误区[M].北京:人民教育出版社,2008.

案例述评

2000年我国新课程改革开始,随后初中英语新教材进行修订,要求教师改变以前的过分注重基础知识的学习、讲解和传授的观念,重视学生的综合语言运用的能力。通过新观念的转变,努力培养学生学习英语的兴趣,提高学生的英语综合实践能力。

"树立以学生为主体,以教师为指导的教学理念;从学生的学习兴趣、生活经验和认知水平出发,倡导体验、实践、参与、合作与交流的学习方式和任务型教学途径,发展学生的综合语言运用能力。这是新课程改革对教师的要求。"作者以新课程改革这一热点为背景,选取了英语这一较流行的学科为背景学科,探讨新课程改革后这一学科观念的转变。对教学实践有较深的指导价值。

作者从心理学的角度提出:"观念是指人的思维意识,是客观事物在人脑里留下的概括的反映,它使人能够从客观现实中引出概念、思想、计划等来指导自己的行动,使行动具有目的性、方向性和预见性。"作者从理论的高度说明观念对人发展的重要性,进而使人们进一步了解了观念在新课程实施中对于成败的重要作用,以此让教师从思想观念先有所认识。进而,从教育学角度提出环境创设,情景教学等有效教学方法,认为让学生处于一种合适的环境以及自己的切身体验对于学生学习效率有明显的作用,以此提高学生的英语交际能力。最后通过这些使教师明白在实际教学中教师应该通过针对性的培训,管理制度的完善,模范的带头,教学的反思等多方面进行改变,以此使得新教材更好地发挥作用。

这篇论文篇幅相对较长,文中运用了许多心理学和教育学的理论作为支撑,着眼对于新课程改革后教学如何改变进行深入探析。新课成改革以后,许多教师有些茫然,没有了方向,没有了引导。这篇文章从理论方面结合新课程的理念进行了分析,结合英语教学实际给教师提供了些许借鉴。选材新颖,有创造性,整体结构合理,论据充分。文章是一篇理论性较强的论文。

思考与实践

1.结合自己的教学实际,谈谈教师在课堂中如何促进自己的(教学叙事)专业自主发展。

2.教学过程中的案例如何设计能提高学生的积极性。

3.以教育学或心理学的某个理论为指导,谈谈教师科研能力的重要性。

4.查阅相关的文献,结合教学经验,写一篇经验型的小论文。

/ 附　录

/ 附录一　中小学科研论文课题与论文参考选题 /

（一）中小学科研课题参考选题

1.解决"择校"问题的现实路径研究

2.减轻学生课业负担的现实路径研究

3.课程改革中学校整体推进的研究

4.义务教育学科学习发展性评价体系与实施策略的研究

5.在教学过程中落实"三维目标"的实践研究

6.义务教育阶段课堂练习与课后作业改革的研究

7.义务教育数学教学中教学基本思想、方法培养的研究

8.义务教育数学学习情境创设研究

9.义务教育阶段英语阅读教学策略与课堂教学结构的研究

10.义务教育阶段英语教学信息化策略的研究

11.义务教育校本课程建设和评价策略的研究

12.小学生学科阅读结构与阅读指导策略的研究

13.选修课程的组织实施与考核评价研究

14.师生关系对学生学习影响的研究

15.小学多元识字教学方法的研究

16.城乡一体化建设对农村义务教育阶段发展的影响研究

17.农村学校解决"学困生""流失生"经验研究

18.影响农村教师专业发展现实问题的研究

19.农村地区学校现代信息技术的普及与综合利用问题研究

20.学科教学如何与当地生产劳动相结合

21.学生的创新精神与创造能力的培养

22.教师评价多元化的实践研究

23.对基础教育培养目标与教育质量问题的再认识

24.针对不同潜质学生的多元化教学模式研究

25.优秀教师成长的个案研究与规律探索

26.各科校本课程及教材开发的内容、形式和方法的研究

27.语言表达与交流能力的培养与研究

28.解决农民工子女流入地义务教育系列政策措施的实践研究

29.以多元智能理论为指导使每个学生有自己满意的发展前途的研究

30.解决农村教师缺乏与教师素质提高的政策措施研究

31.提高教师科研的实效性研究

32.农村学校办学特色研究

33.大班条件下的因材施教研究

34.学生自主能力培养研究

35.农村初中生两极分化现象成因及对策研究

36.学生学习共同体研究

37.综合课程与分科课程设置的理论与实践研究

38.新课程实施与师生教学活动方式转变研究

39.中小学教师专业发展研究

40.农村义务教育学校布局调整研究

41.基础教育课程、教学改革深化研究

42.中小学生负担过重的原因及解决对策研究

43.中小学生命与安全教育研究

44.中小学生自主学习能力培养研究

45.全面推进学校文化建设的策略研究

46.义务教育学校教师流动问题研究

47.农村义务教育学校布局调整研究

48.全面推进标准化学校建设的实施策略研究

49.教育公平与义务教育均衡发展研究

50.基础教育阶段各类考试的价值和作用研究

(二)中小学论文参考选题

1.喜欢语文书,却不喜欢语文课——一次发书后的感悟

2.培养孩子一双数学的眼睛——浅谈写"数学日记"的意义

3.沉默是金,此时无声胜有声——谈静默思想在语文学习中的作用

4.让学生变成"读书郎"——指导小学生课外阅读的初步尝试

5.课改后的"冷思考"

6.新课程背景下小学数学教学的思考

7.让"解决问题"成为学生的"助跑器"——"质数和合数"教学案例与反思

8.大拇指教育的智慧——浅析赏识教育

9.掀起你的盖头来——是是非非话"奥数"

10.沟通,预约语文教学的和谐有效——一次特殊的语文回家作业引起的思考

11.数学课堂的生命——走进学生生活——低年级数学课堂选择生活情境的误

／附录二 国内外中小学教育与研究主要网站及网址／

1.中华人民共和国教育部网 http：／／www.moe.edu.cn

2.人民教育网 http：／／www.rmedu.com

3.中国基础教育网 http：//www.cbe21.com

4.中国教育信息网 http：//chinaedu.edu.cn

5.中国教育在线 http：//www.eol.cn

6.国家精品课程资源网 http：//www.jingpinke.com

7.中国教育资源网 http：//www.cern.net.cn

8.国家基础教育资源网 http：//www.cern.gov.cn

9.世界教育信息网 http：//www.wei.moe.edu.cn

10.中国中小学教育教学网 http：//www.k12.com.cn

11.中国中小学信息技术教育网 http：//www.nrcce.com

12.国之源教育资源网 http：//www.gzy.com.cn

13.西部教育网 http：//www.yzedu.com

14.新世纪课程网 http：//www.xsj21.com

15.中国活动教育网 http：//www.21cae.ne

16.语文天地网http：//www.ywtd.com.cn

17.中国教育科研计算机网 http：//www.edu.cn

18.中国名师教育网 http：//www.cenre.com

19.中国园丁网 http：//www.teacher.net.cn

20.洪 恩 http：//www.hongen.com

21.课题研究网 http：//www.itie.net.cn

22.北京师范大学网络教育实验室 http：//www.webil.net.cn

23.三槐居 http：//www.hischool.net.cn

24.吉林教育信息网 http：//www.jledu.com.cn

25.浙江教育网 http：//www.zjedu.org

26.南京教育信息网 http：//www.njenet.net.cn

27.奥博教育网 http：//www.oh100.com

28.上海教育信息http：//www.sheisnet.sh.cn

29.广东教育资源网 http：//www.edu123.com

30.英可索英语资源网 http：//www.engtide.com

31.中央教育科学研究所 http://219.234.174.136

32.全国教师教育网络联盟 http://jswl.cn

33.中国教育学会 http：//cse.moe.edu.cn

34.中国教育报 http：//www.jyb.com.cn

35.中国教师报 http：//www.chinateacher.com.cn

36.小学教研网 http：//www.fxhj.net

37.21世纪教育网 http：//zhongkao.21cnjy.com

38.新课程教育网 http：//jkedu.net

39.中学语文网 http://5156edu.com

40.中国课件网 http://kejian100.com

41.外语教育网 http://www.for68.com

42.名师网 http://mingshi.com

43.人教学习网 http：//pep.com

44.中学学科网 http：//2xxk.com

45.中学教师研修网 http://teacher club.com.cn

46.e度网 http：//www.eduu.com

47.阳光教学资源网 http：//www.suniong.com

48.中学语文教学资源网 http：//yuwen99.cn

49.K12 http://www.K12.com.cn

50.BUBL Information Service http://bubl.ac.uk/

51.ENC Online：Science Topics Web Links http://www.enc.org/

52.Exploratorium http://www.exploratorium.edu

53.First Gov for Kids：Science & Math http://www.kids.gov/k science,htm

54.Internet Public Library http://www.ipl.org

55.Education Virtual library www.csu.edu.au/education/library.html

56.Education Week www.edweek.org

57.ERIC www.ricir.syr.edu

58.Ask ERIC www.askeric.org

59.Study in the USA www.studyusa.com

/ 附录三 关于中小学教育与研究的主要期刊 /

综合类：

1.课程、教材、教法

邮编：100081

地址：北京市海淀区中关村南大街17号院1号楼

电话：010—58758972

网址：http://www.pep.com.cn/bks/kcjcjf

2.教育研究与实验

地址：湖北省武汉武昌桂子山华中师范大学教科院

邮编：430079

电话：027－61067262

Email：teacher_edu@yeah.net

3.教学月刊.中学版

地址：浙江省杭州市文三路140号

邮编：310012

电话：0571－88210810　88213158

Email：zhongxueban@jxyk.com

4.上海教育科研

地址：上海市茶陵北路21号

邮编：200032

电话：021－64188187

Email：shanghai_edu@vip.163.com

5.人民教育

地址：北京市海淀区文慧园北路10号中国教育报刊社资料室

邮编：100082

电话：010－82296686

Email：liur@edumail.com

6.教育科学研究

地址：北京市朝阳区北四环东路95号教育科学研究杂志社

邮编：100101

电话：010－84649579

7.外国中小学教育

地址：上海市桂林路100号（上海师范大学教育科学学院内）

邮编：200234

电话：021－64322352

Email：wgzhx@shnu.edu.cn

8.教学与管理

地址：山西省太原市黄陵路西巷5号

邮编：030031

电话：0351—7971060

Email：jxyglxxb@sohu.com

9.中小学管理

地址：北京市西城区德外什坊街2号

邮编：10011

电话：010－82089159

网址：http://www.zxxgl.com/

10.现代中小学教育

地址：吉林省长春市人民大街5268号

邮编：130024

电话：0431－85099326

网址：xsqks.nenu.edu.cn

11.教育研究

地址：北京市北三环中路46号

邮编：100088

电话：010－82014985

网址：http://www.cnier.ac.cn/jyyj

12.北京大学教育评论

地址：北京市北京大学电教楼三层

邮编：100871

网址：http//www.jypl.pku.edu.cn

13.比较教育研究

地址：北京市新街口外大街19号（北京师范大学国际与比较研究院）

邮编：100875

电话：010－58808310

Email：bjb@263.net.cn

14.清华大学研究

地址：北京市清华大学文南楼403

邮编：100084

电话：010-62788995

Email：jysbjb@mail.tsinghua.edu.cn

16.教育科学

地址：辽宁省大连市黄河路850号

邮编：116029

电话：0411-84258254

Email：jykx915@sohu.com

17.教育理论与实践

地址：山西省太原市解放路东头道巷9号

邮编：030009

电话：0351-5604672

18.教师教育研究

地址：北京市新街口外大街19号（北京师范大学校内）

邮编：100875

电话：010-58807942

网址：gdsz.chinajournal.net.cn

19.全球教育展望

地址：上海市中山北路3663号

邮编：200062

电话：021-62232938

Email：globaledu@kcx.ecnu.edu.cn

20.教育学报

地址：北京市新街口外大街19号（北京师范大学英东楼343室）

邮编：100875

电话：010－58805288

网址：http：//www.xkjy.chinajournal.net.cn

21.中国教育学刊

地址：北京市丰台区方庄芳城园区13号楼

邮编：100078

电话：010－64845699

网址：http：//www.edujournal.net

22.外国教育研究

地址：吉林省长春市人民大街5268号

邮编：130024

电话：0431－85098501

Email：wgjyyj@126.com

23.华东师范大学学报.教育科学版

地址：上海市中山北路3663号

邮编：200062

电话：021－62233761

Email：xbjk@xb.ecnu.edu.cn

24.当代教育科学

地址：山东省济南市青年东路1号

邮编：250011

电话：0531－81758321

Email：sdjk@chinajournal.net.cn

25.电化教育研究

地址：甘肃省兰州市安东路967号（西北师范大学校内）

邮编：730070

电话：0931－7971823

网址：http：//aver.nwnu.edu.cn/

27.教育评论

地址：福建省福州市华林路248号

邮编：350003

电话：0591－87272726

Email：jypl87272726@126.com

28.河北师范大学学报.教育科学版

地址：河北省石家庄市南二环东路20号

邮编：050024

电话：0311－80786365

网址：www.hebtu.edu.cn

29.中国电化教育

地址：北京市复兴门内大街160号电教大楼

邮编：100031

电话：010－66490924

Email：cetzazhishe@188.com

30.湖南师范大学教育科学学报

地址：湖南省长沙市岳麓区麓山南路36号

邮编：410081

电话：0731－88872209

网址：http：//jkb.hunnu.edu.cn

31.教育探索

地址：黑龙江省哈尔滨市南岗区中兴街19号

邮编：150080

电话：0451－86305279

35.内蒙古师范大学学报.教育科学版

地址：内蒙古呼和浩特市昭乌达路81号

邮编：010022

电话：0471－4393713

网址：http://nmsdxb.imnu.edu.cn

学科类：

1.中学政治教学参考

地址：陕西省西安市长安南路199号（陕西师范大学校内）

邮编：710062

电话：029－85308351

网址：http://www.snupg.com

2.思想政治课教学

地址：北京市新街口外大街19号（北京师范大学校内）

邮编：100875

电话：010－62200757

3.中学语文教学

地址：北京市西三北路105号

邮编：100048

电话：010－68980051

网址：http://zyzz.ywbks.com

4.语文建设

地址：北京市朝阳门内南小街51号语言文字报刊社216室

邮编：10010

电话：010－65596096

Email：rmjs910@126.com

5.中学语文教学参考

地址：陕西省西安市长安南路199号（陕西师范大学校内）

邮编：710062

电话：029－85308237

网址：http://www.zyucan.com

6.中小学外语教学.中学篇

地址：北京市新街口外大街19号（北京师范大学校内）

邮编：100875

电话：010－58808018

网址：http://www.flts.cn/

7.中小学英语教学与研究

地址：上海市中山北路3663号

邮编：200062

电话：021－62233415

8.历史教学

地址：天津市和平区西康路35号

邮编：300051

电话：022－23332330

网址：http://www.historyteaching.cn

9.中学地理教学参考

地址：陕西省西安市长安南路199号（陕西师范大学校内）

邮编：710062

电话：029－85308484

网址：http://www.jwdili.com

10.数学教育学报

地址：天津市西青区宾水西道393号（天津师范大学校内）

邮编：300387

电话：022－23766679

Email：sxjyxbbjb@163.com

11.数学通报

地址：北京市新街口外大街19号（北京师范大学校内）

邮编：100875

电话：010－58807753

Email：shxtb@bnu.edu.cn

12.中学数学教学参考

地址：陕西省西安市长安南路199号（陕西师范大学校内）

邮编：710062

电话：029－85308536

Email：jmat@163.com

13.中学物理教学参考

地址：陕西省西安市长安南路199号（陕西师范大学校内）

邮编：710062

电话：029－85308684

Email：phycfe21@163.com

14.物理教师.高中版（改名为：物理教师.教学研究班）

地址：江苏省苏州市苏州大学

邮编：215006

电话：0512-65113303

Email：wljs@suda.edu.cn

15.化学教育

地址：北京市新街口外大街19号（北京师范大学化学楼217）

邮编：100875

电话：010-58807875

Email：hxjy—jce@263.net

16.化学教学

地址：上海市中山北路3663号干训楼424

邮编：200062

电话：021-62232484

网址：http://www.chemedu.cn